이화유치원

교육과정 운영의 실제

만 4세 ⓫ 가 을

이화유치원 교육과정 운영의 실제

만 4세

11 가을

이화여자대학교 사범대학 부속이화유치원

(주)교 문 사

머리말

올해로 97년의 오랜 역사와 전통을 자랑하는 이화유치원은 우리나라에서뿐만 아니라 전 세계에서 탁월한 유아교육을 실행하는 유치원으로 높이 평가받고 있습니다. 이화유치원은 이에 긍지와 자부심, 책임감을 가지고 있으며, 무한한 가능성을 가진 유아들이 바르고, 착하고, 아름답게 자랄 수 있도록 최적의 교육환경과 교육과정을 제공하기 위해 항상 노력하고 있습니다. 더 나아가 미래사회를 책임질 유아들의 건강한 성장과 발달을 위해 끊임없이 새로운 프로그램을 개발하고, 유아교육의 질을 제고하기 위한 연구를 지속하여 유아교육 발전을 선도해 가고 있습니다.

유아의 성장 및 발달에 적합한 환경과 교육과정으로 질 높은 유아교육을 충실히 실행하는 것이 이화유치원의 중요한 사명 중 하나라면 또 다른 중요한 사명은 유아의 발달 및 유치원 교육과정, 교수방법, 교육환경 등에 관한 연구를 수행하고 그 결과를 출판하여 보급하는 것입니다. 이에 따라 이 책 『이화유치원 만 3, 4, 5세 교육과정 운영의 실제』는 이화유치원의 중요한 사명을 성공적으로 완수해 낸 결과물인 것입니다.

이화여자대학교 사범대학 부속이화유치원에서 1992년과 1995년 두 번에 걸쳐 『만 3, 4, 5세 어린이를 위한 유치원 교육과정 운영의 실제』를 출판한 지 어느덧 16년이 지났습니다. 2004년에 이화유치원 창립 90주년 기념행사를 성황리에 개최한 이후 새로운 『만 3, 4, 5세 유아를 위한 이화유치원 교육과정 운영의 실제』를 출판하기 위한 준비 및 집필 작업을 계속해 왔고 드디어 2011년에 출판하게 됨을 매우 기쁘게 생각합니다.

『이화유치원 만 4세 교육과정 운영의 실제』의 1학기 생활주제는 「즐거운 유치원」, 「나」, 「봄」, 「가족」, 「동물」, 「동네와 지역사회」, 「여름」이고, 2학기 생활주제는 「교통기관」, 「우리나라」, 「소비생활」, 「가을」, 「겨울」입니다. 기존 만 4세 교육과정 운영의 실제에서 제시한 생활주제 중 「나와 가족」을 「나」, 「가족」으로 분리했고, 「즐거웠던 여름방학」과 「즐거웠던 겨울방학」을 각각 「여름」과 「겨울」 생활주제로 통합했습니다. 또한 「동네와 지역사회」와 「소비생활」을 새로운 생활주제로 추가했습니다.

『이화유치원 만 4세 교육과정 운영의 실제』는 동일하게 3개의 장으로 구성되어 있습니다.

1장에서는 각 생활주제 선정의 의의와 교육 목표를 소개했습니다. 생활주제에서 다루어야 할 학습 내용을 2~5개의 주제로 구분하고, 주제별로 교육 목표와 내용을 설명했습니다. 2장에서는 교육환경에 대해 소개했습니다. 원내와 교실의 흥미 영역을 교육 내용에 적합하게 구성하는 방법을 설명했고, 사진을 실례로 소개했습니다. 3장에서는 생활주제에 적합한 교육활동을 주제별로 소개했습니다. 교육활동의 전개 방법에서는 유아들이 흥미를 가지고 능동적으로 참여하여 교육 내용을 이해하고 학습할 수 있도록 하기 위해 교사가 만 4세 유아들의 발달 수준, 지식, 경험 등에 적합한 교육적 대화를 어떻게 나누는지를 소개하는 데 중점을 두었습니다. 이 책에 수록된 교육활동을 현장에서 실시할 때 도움이 되도록 교사의 질문 및 언어적 상호작용을 구체적으로 자세하게 기술하였고, 내용을 쉽게 이해할 수 있도록 사진 및 삽화를 수록했습니다. 활동 시 참고할 사항을 Tip으로 제시했고 유의점에 주의해야 할 사항을 설명했습니다. 또한 확장활동 및 관련활동을 제시하여 교육활동들 간의 연계성을 강조했습니다. 부록에는 주간교육계획안과 일일교육계획안의 예시를 수록하여 실제 교육계획안 수립 시 참고할 수 있도록 했습니다.

이화유치원에서는 교육과정의 학습경험 설정 및 효과적 조직에서 요구되는 세 가지 준거—계속성(continuity), 계열성(sequence), 통합성(integraty)—를 갖추고자 지속적인 연구와 노력을 거듭하고 있습니다. 이 책에서는 만 3, 4, 5세 교육과정 간 계속성, 계열성, 통합성에 초점을 맞추어 연구 · 개발된 새로운 생활주제, 주제 및 교육활동들을 소개했습니다. 또한 본 유치원에서 지난 10여 년간 실행해 온 각종 연구들—기본생활습관교육, 소비자교육, 극놀이, 요리활동, 종일반 프로그램, 수학교육, 리더십교육, 언어교육, 동작교육, 문학교육, 전통문화예술교육—을 통해 새롭게 개발된 생활주제, 주제 및 교육활동들을 이 책에 소개했습니다. 기존 『만

4세 어린이를 위한 유치원 교육과정 운영의 실제』에 수록되었던 활동들의 경우, 최근 유아들의 발달적 특성, 요구, 흥미에 적합하게 또한 시대적 변화와 요구에 부응할 수 있도록 수정 · 보완해서 소개했습니다.

그동안 이 책이 출판될 수 있도록 도와주신 여러 분들께 머리 숙여 감사를 드립니다. 먼저 『이화유치원 만 4세 교육과정 운영의 실제』를 함께 집필해 주신 이화유치원 전 · 현직 교사들—오지영, 강은정, 김은수, 김혜전, 이예린, 장정윤—께 감사를 드립니다. 유아교육 발전을 위한 이화유치원의 사명을 완수하기 위해 지난 몇 년간 주말이나 공휴일은 물론이고 방학에도 쉬지 못하면서 이 책의 집필 과정에 참여해 주신 여러 분들의 헌신적 노력은 유아교육의 역사에서 오래 기억될 것입니다. 이 책의 집필 과정에서 여러모로 도움을 주신 이화유치원 전 · 현직 교사들—김수정, 박정민, 박미정, 안예슬—께도 깊은 감사를 드립니다. 또한 이 책을 출판해 주신 (주)교문사 류제동 사장님, 정용섭 부장님을 비롯한 직원 여러 분들께도 진심으로 감사를 드립니다.

끝으로 이 책이 출판될 수 있도록 간접적으로 도와주신 분들께도 감사를 드립니다. 그동안 유아교육을 공부하는 학부생 및 대학원생, 유아교사, 유아교육학자, 유아교육 전문가 및 행정가, 심지어 학부모들께서도 이 책이 언제 출판되는지를 문의하고 출판을 서둘러 주기를 부탁하셨습니다. 『이화유치원 만 3, 4, 5세 교육과정 운영의 실제』를 하루빨리 출판해 달라는 많은 분들의 요청이 저희들에게 든든한 힘과 격려가 되어 주었기에 이 자리를 빌려 감사의 마음을 전하며, 여러분들께서 기대하신 만큼 큰 도움 받으시기를 바랍니다.

2011년 7월 25일

집필진 대표 홍용희

차 례

2. 가을철 자연의 변화 41

3. 추수감사 77

〈부 록〉 109

1장

생활주제 선정의 의의와 목표

1 장

생활주제 선정의 의의와 목표

1. 생활주제 선정

유아들이 가을철 자연의 모습 변화에 관심을 갖고 탐구하면서 아름다움을 느끼고, 자연과 조화로운 삶을 살아갈 수 있도록 '가을' 생활주제가 선정되었다. 가을은 자연의 변화가 다채롭고 풍성하게 일어나는 계절이다. 유아들은 일상의 곳곳에서 나뭇잎이 물들고 낙엽이 떨어지는 가을 풍경을 감상할 수 있다. 봄에 뿌린 씨앗은 여름을 지나 가을이 되면서 풍성한 열매를 맺고, 사람들은 익은 과일과 곡식, 채소를 거두어들인다. 유아들도 유치원에서 추수를 경험하며 추수의 기쁨을 느끼고 자연과 인간의 상보적 관계를 인식하도록 한다. 또한 추수감사절을 통해 추수할 수 있게 해주신 하나님께 감사한 마음을 갖게 한다.

2. 주제 및 목표 선정

'가을' 생활주제에서는 '가을철 날씨와 생활', '가을철 자연의 변화', '추수감사' 주제를 선정하였다.

생활주제	주 제
가 을	가을철 날씨와 생활
	가을철 자연의 변화
	추수감사

각 주제별 교육 목표 및 교육 내용은 다음과 같다.

주 제	분 류	목표 및 내용
1. 가을철 날씨와 생활	교육 목표	• 계절이 변함에 따라 날씨가 변함을 안다. • 가을철 날씨의 변화를 알고 느낀다. • 알맞은 옷차림을 한다.
	교육 내용	'가을철 날씨'는 유아들이 가을의 날씨 특징을 알고 여름에서 가을로 계절이 변화함을 느끼고 이에 따른 사람들의 생활 모습에 관심을 가질 수 있도록 선정한 주제이다. 지속적인 실외 활동을 통해 유아들이 무더운 여름이 지난 후 시원한 계절인 가을이 왔음을 체감할 수 있도록 한다. 또한 맑고 청명한 가을 하늘과 선선한 바람을 느껴봄으로써 가을의 계절적 특징을 알도록 한다.

(계속)

2. 가을철 자연의 변화	교육 목표	• 가을철 식물의 변화를 안다. • 가을철 자연의 변화에 호기심을 갖고 탐구하는 태도를 갖는다. • 가을철 자연의 변화를 감상하며 아름다움을 느낀다. • 가을철 자연의 모습을 다양한 방법으로 표현한다.
	교육 내용	'가을철 자연의 변화' 주제는 유아들이 가을철 자연의 변화를 탐구하고 아름다움을 느낄 수 있도록 선정한 주제이다. 야외학습을 통해 유아들이 형형색색의 단풍잎과 낙엽을 감상하며 자연의 아름다움을 느낄 수 있도록 하고 단풍이 드는 이유에 대해 탐구함으로써 식물의 성장 과정에 대해 배우도록 한다. 또한 유아들이 보고 느낀 자연의 모습을 창의적으로 표현해보는 기회를 갖도록 한다.
3. 추수감사	교육 목표	• 추수의 뜻을 안다. • 가을에 추수하는 농작물에 관심을 갖는다. • 추수감사절의 뜻을 안다. • 농부의 노고에 감사하는 태도를 갖는다. • 추수를 할 수 있도록 도와주신 하나님께 감사하는 마음을 갖는다.
	교육 내용	'추수감사' 주제는 유아들이 추수의 의미를 알고 가을에 수확하는 농작물에 대해 관심을 갖도록 선정한 주제이다. 가을이 되면 다양한 곡식, 과일, 채소가 무르익고 사람들은 이를 거두어들인다. 유아들이 추수를 하기까지 많은 분들이 수고하심을 알고, 추수감사 예배를 드림으로써 추수를 할 수 있게 해주신 하나님께 감사하는 마음을 갖도록 한다.

2장

환경 구성

2장 환경 구성

1. 실내 환경 : 현관, 복도

1) 현관게시판

현관게시판에 김장하기, 장 담그기, 추수감사 예배, 음악 · 춤 감상회 등 유치원 교육과정 관련 행사에 대한 안내사항을 게시한다. 유아들이 그린 그림(예: 가을철 자연의 변화, 가을에 추수하는 곡식 · 과일 · 채소, 가을철 풍경–추수 · 타작 등)을 활용하여 게시판을 꾸민다.

11월 유치원 현관게시판

2) 복도 벽면

추수감사절을 맞이하여 유아들이 낙엽, 곡식 및 다양한 꾸미기 재료로 만든 '추수감사' 글씨를 복도 벽면에 게시하고, 추수감사 예배 시 제단에 올렸던 햇과일과 햇곡식을 복도로 이동하여 전시한다.

복도 영역에 마련된 추수감사 예배 제단

2. 실내 환경 : 교실

- 생활주제 : 가을
- ○○○반 흥미 영역 배치도 ○○○○학년도 ○월 ○주 ~ ○월 ○주

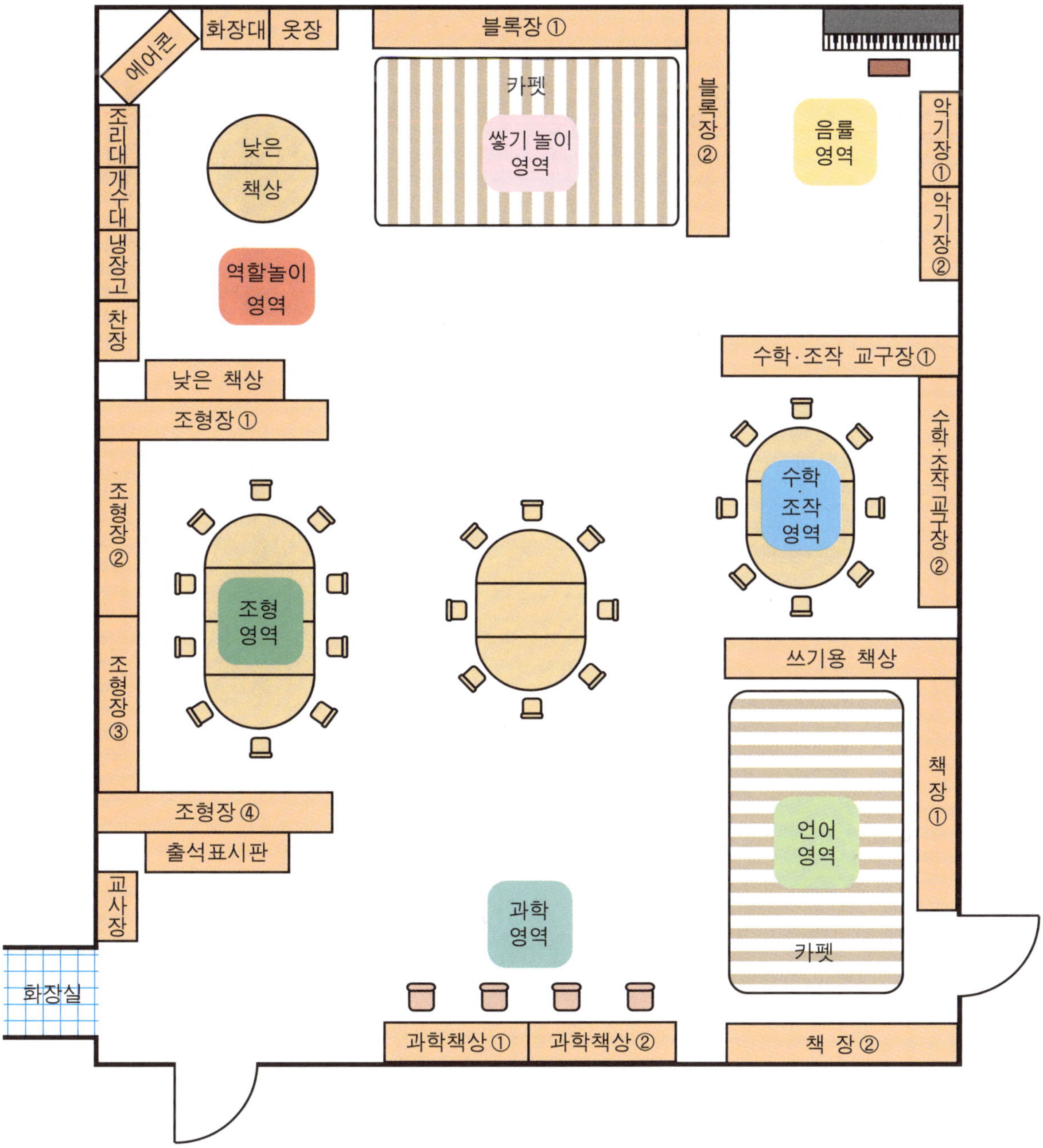

1) 교실 입구, 벽면

(1) 출석표시판

가을 과일을 담을 수 있는 큰 바구니나 가을철 농촌의 모습을 배경으로 출석표시판을 만든다. 유아들이 만든 좋아하는 가을과일 조형 작품을 코팅하여 출석표시 그림으로 사용한다.

'가을' 생활주제 출석표시판

(2) 벽면 전시

교실 벽면에 가을철 유치원 마당의 모습과 자연풍경 사진을 전시한다. 실외자유선택활동 시간에 유아들이 마당에서 낙엽, 도토리깍정이 등의 가을철 자연물로 놀이하는 모습을 사진으로 찍어 함께 게시한다. 그밖에 생활주제와 관련하여 유아들이 조형 영역에서 만든 조형 작품을 전시한다. 추수감사 제단을 꾸미기 위한 바구니와 과일 그림이나 자연물을 이용하여 만든 모빌, 나뭇잎 크레파스 다림질 작품 등을 출입문, 창틀, 벽면 등에 전시하여 가을철 자연의 모습을 느낄 수 있도록 한다.

자연물로 만든 모빌과 크레파스 다림질

2) 흥미 영역

(1) 언어 영역

① 읽기 영역

생활주제 및 계절과 관련된 그림책을 책장에 비치한다. 가을철 날씨와 자연환경의 변화, 추수와 김장 등 가을철 음식에 관한 그림책을 책장에 비치한다. 벽면에는 생활주제와 관련한 동시나 사진 등을 게시하고 생활주제에 적합한 말하기, 듣기, 쓰기 활동을 할 수 있게 영역을 마련한다.

언어 영역 전경

② 말하기 영역

유아들이 인형극 놀이를 할 수 있도록 다양한 막대인형, 테이블동화 자료 등을 제시한다. 플라타너스 잎, 단풍나무나 은행나무 잎 등을 코팅한 후 막대를 달아 제시하여 낙엽으로 인형극을 할 수 있게 한다. 대집단 활동으로 실시한 동화(예: '나는 누구일까요', '나뭇잎의 여행', '임금님의 밥상' 등) 자료를 말하기 영역에 비치하여 유아들이 동화 내용을 회상하면서 극놀이를 할 수 있도록 한다.

③ 듣기 영역

'○○○반 어린이들이 감사한 것'에 대한 이야기 나눈 후나 추수감사 예배를 드리고 난 후 학급 유아들과 하나님께 드리는 기도를 녹음자료로 만들어 듣기 영역에 제시한다. 각 유아의 기도 내용을 얼굴 사진과 함께 게시하여 유아들이 녹음자료를 들을 때 읽어볼 수 있도록 한다.

'○○○반 어린이들이 감사한 것'
듣기자료

(2) 쌓기 놀이 영역

생활주제 '가을'과 관련하여 가을철 날씨와 날씨에 적합한 야외활동 경험을 놀이로 표현할 수 있도록 쌓기 놀이 영역을 구성한다. 벽면에 가을 하늘의 모습이 담긴 화보를 게시하고 역할 놀이 영역과 연계하여 가을 소풍 놀이, 가을 여행 놀이를 할 수 있게 한다. 또한 허수아비를 만들어볼 수 있도록 다양한 재료(예: 바가지나 양동이, 밀짚모자, 천, 벼이삭 모형 등)를 제공한다.

쌓기 놀이 영역 전경

(3) 역할 놀이 영역

전통음식점 놀이를 할 수 있도록 역할 놀이 영역을 구성한다. 유아들이 관심을 보이는 전통음식의 종류에 대해 이야기 나눈 후 '삼계탕', '비빔밥' 등의 음식을 만들어 파는 가게를 만든다. 삼계탕을 만들 수 있도록 닭 모형과 삼계탕에 들어가는 재료(예: 찹쌀, 야채, 대추, 파, 삼 등)를 준비하고, 밥 모형과 비빔밥에 넣을 재료(예: 당근, 버섯, 시금치, 달걀, 밥 등)를 준비하여 비빔밥을 만들 수 있게 한다. 그 밖에 계산대, 메뉴판, 앉아서 먹을 수 있는 테이블 등을 제공한다.

전통음식점 놀이

삼계탕과 비빔밥 만들기 재료

(4) 수학 · 조작 영역

가을철의 날씨와 사람들의 생활에 대한 그림 맞추기나 가을철 자연의 변화를 순서대로 놓을 수 있는 그림 카드 등 수학적 사고와 소근육을 발달시킬 수 있는 개인용 교구를 중심으로 수학 · 조작 영역을 구성한다. 바구니에 숫자만큼 과일 담기나 가을에 수확하는 과일 및 채소의 글자 구성하기 등을 통해 유아들이 가을철 자연의 모습에 관심을 갖게 한다. 규칙과 순서를 지키며 놀이하는 과정에서 가을철 자연의 변화에 관심을 가질 수 있도록 관련 그룹 게임 교구들도 제시한다.

수학 · 조작 영역 교구장

(5) 과학 영역

유아들이 가을에 수확하는 과일과 열매에 대해 탐구할 수 있도록 과학 영역을 구성한다. 유치원 마당에서 수확한 감과 수세미를 바구니에 담아 과학 영역에 제시하여 유아들이 감과 수세미의 모습 및 변화 과정을 관찰할 수 있게 한다. 벽면에는 열매를 수확하는 모습 사진이나 열매의 단면 사진을 게시한다. 또한 다양한 곡식을 투명한 통에 각각 담아 사진 자료와 함께 제공한다. 이때 뚜껑을 열고 닫을 수 있는 통을 준비하여 유아들이 통에서 곡식을 꺼내 만져볼 수 있도록 한다.

마당에서 수확한 가을철 과일과 열매 관찰하기

(6) 조형 영역

가을철 자연물 및 나뭇잎 모양 종이 등을 조형 영역의 꾸미기 재료에 첨가한다. 솔방울, 도토리 깍정이, 도토리 등을 제시하여 유아들이 자연물을 활용한 작품을 만들 수 있게 하고, 책 사이에 끼워 말린 나뭇잎을 제시하여 물감으로 찍기, 그리기, 베껴내기, 콜라주 등 여러 가지 방법으로 작품을 만들 수 있도록 한다.

조형 영역 전경

다양한 자연물과 나뭇잎 모양 종이

(7) 음률 영역

곡식을 거르는 체나 열매를 담는 바구니 등을 활용하여 만든 방울 악기, 허수아비나 가을철 과일 모형의 마라카스 등으로 음률 영역의 악기를 추가하거나 교체한다. 쌀 · 보리 · 콩 등 가을에 수확하는 곡식을 넣어 유아들이 직접 만든 마라카 등도 제시한다.

음률 영역 교구장

3장

활동

1. 가을철 날씨와 생활
2. 가을철 자연의 변화
3. 추수감사

★ 주제별 활동 목록

		가을철 날씨와 생활	가을철 자연의 변화	추수감사
자유 선택 활동	쌓기 놀이 영역			허수아비 만들기
	역할 놀이 영역	전통음식점 놀이		
	언어 영역			○○○ 반 어린이들이 감사한 것
	수학 · 조작 영역		나뭇잎 모양대로 놓기	바구니에 과일 담기 과일 끈 끼우기
	과학 영역		색 혼합 실험	
	조형 영역	가을철 과일 출석표시그림 만들기	가을 나무 꾸미기 솔방울 모빌	추수감사 글자 꾸미기 가을 과일 바구니 만들기 가을 과일 콜라주
	음률 영역		자연물 악기 연주하기	
	실외 영역		낙엽 말리기	감 따기
대소 집단 활동	이야기나누기	가을철 날씨의 변화	나뭇잎 색깔이 변하는 이유 나뭇잎이 떨어지는 이유	추수감사 예배 밥을 먹기까지
	동화 · 동극 · 동시	모자 장수(동극)	가랑잎(동시) 바사삭 바사삭(동시) 나뭇잎의 여행(동화)	임금님의 밥상(동극) 허수아비(동시)
	노래 · 음악감상 · 악기연주	가을 사계 중 '가을'(음악감상)	낙엽 나뭇잎	추수감사
	율 동	다람쥐	색깔 행진	참새 세 마리
	신 체	반환점 돌아오기(게임)	낙엽 자리 바꾸기(게임)	밤 줍기(게임)
	수 학		낙엽 분류하기	
	과 학			과일 단면 관찰하기
	사 회	야외학습		

※ 본 교재에 수록된 활동은 만 4세 '가을' 생활주제에서 실시하고 있는 교육 활동 중 일부만 소개된 것입니다.

1. 가을철 날씨와 생활

가을철 날씨의 변화 / 야외학습 / 가을 / 사계 중 '가을'
/ 가을철 과일 출석표시 그림 만들기 / 다람쥐 / 전통음식점 놀이
/ 모자 장수 / 반환점 돌아오기

활동 1

가을철 날씨의 변화

집단형태

대집단활동

활동유형

이야기나누기

마당의 변화 관찰하기

TIP 유아들과 가을철 날씨와 자연의 변화에 대해 지속적으로 관찰하며 수시로 이야기 나누어 유아들이 일상을 통해 자연의 변화를 체감할 수 있도록 한다.

활동목표

- 가을철 날씨의 변화에 관심을 갖는다.
- 자연의 변화를 관찰하는 태도를 기른다.

활동방법

○ 마당놀이를 마친 후 교실로 들어오기 전 마당을 한 바퀴 돌아본다.

○ 마당의 정자나 벤치, 풀밭 등에 모여 앉는다.

○ 가을철 날씨의 변화와 자연의 변화에 대하여 이야기를 나눈다.

- 요즘의 날씨가 어떤가요?
  - 선선한 바람이 분다.
  - 아침, 저녁으로 쌀쌀하다.
  - 덥지도 않고, 춥지도 않다.
- 이런 날씨의 계절을 무엇이라고 하나요?
  - 가을
- 가을에는 나무, 꽃, 잔디가 어떻게 변하나요?
  - 여름에 연두색, 초록색이던 나뭇잎이 점차 노랗게, 붉게 변한다.
  - 사과, 배, 감, 대추 등의 열매가 열린다.

○ 유치원 마당을 계속 관찰하기로 한다.

- 앞으로 마당에 있는 나무와 풀들이 어떻게 변하는지 마당놀이 시간에 매일 관찰할 거예요. 또 날씨가 어떻게 변하는지도 이야기 나누어 봅시다. TIP

관련활동

- 사회 '야외학습' (17쪽 참고)
- 노래 '가을' (20쪽 참고)
- 음악감상 '사계 중 가을' (22쪽 참고)

활동 2 야외학습

활동목표

- 야외학습에서 지켜야 할 약속을 알고 지킨다.
- 가을철 자연의 변화를 탐구하는 태도를 기른다.

활동방법

○ 야외학습을 가기 전 대집단으로 모여 앉는다.

○ 야외학습의 장소와 목적에 대하여 이야기한다.

- ○○으로 야외학습을 갈 거예요.
- 왜 야외학습을 갈까요?
  - 나무, 풀, 꽃 등이 가을이 되어 어떻게 변화했는지 관찰하기 위해 간다.
  - 도토리, 솔방울, 나뭇잎 등 자연물을 모아오기 위해 간다.
  - 걸으면서 바람을 쐬고 바깥에서 놀기 위해 간다.

○ 야외학습을 갈 때 지켜야 할 약속에 대해 이야기나눈다.

- 야외학습을 갈 때 어떤 약속을 지켜야 할까요?
  - 짝과 함께 줄을 서서 선생님을 잘 따라간다.
  - 길을 갈 때 조용히 한다.
  - 길을 건널 때 차가 오는지 살핀 다음 손을 들고 건넌다.
- 야외학습 장소에서는 어떤 약속을 지켜야 할까요?
  - 나뭇잎을 뜯거나 나뭇가지를 꺾지 않는다.
  - 나무나 바위 등 높은 곳에 올라가지 않는다.
  - 선생님이 보이는 곳에서 놀이한다.
  - 이동 시 짝과 함께 손을 잘 잡는다.

○ 화장실에 다녀온 후 출발할 장소에 모인다.

- 유치원 밖에서는 화장실에 가기가 어려워요. 미리 화장실에 다녀오세요.
- 짝과 함께 두 줄로 서세요.

○ 야외학습 장소로 이동하며 이야기 나눈다.

- 나뭇잎 색깔이 어떤가요?
- 낙엽을 밟아보세요. 어떤 소리가 나나요? 어떤 느낌이 드나요?
- 하늘을 보세요. 하늘을 보니 어떤 느낌(생각)이 드나요?

집단형태

대집단활동

활동유형

사회

활동자료

야외학습에서 채집한 것을 담을 수 있는 바구니 또는 봉투, 휴지, 물티슈, 깔개, 디지털카메라, 비상약품(예: 소독약, 연고, 반창고, 면봉 등), 호루라기

TIP 교사는 유아들과 함께 자연을 탐색하거나 놀이함과 동시에 모든 유아들의 상황을 관찰하고 주시한다.

○ 야외학습 장소에 도착해서 자유롭게 놀이한다. TIP

- 노래(예: 단풍잎, 낙엽, 산골짝의 다람쥐, 도토리 등)을 함께 불러봅시다.
- 이곳에서 쉬면서 놀기도 하고, 자연물(예: 도토리, 도토리깍정이, 솔방울, 낙엽 등)도 주워 보세요.
- 주운 자연물은 바구니(봉투)에 담으세요.

낙엽 모으기

○ 유아들의 수를 확인한 후 유치원으로 돌아온다.

- (탬버린을 흔들어 주의집중을 유도하며) 짝과 함께 선생님 앞에 모이세요. 모두 모였는지 수를 세어 봅시다.
- 목이 마른 사람은 물을 마시도록 하세요.
- 주변에 떨어진 쓰레기가 있으면 주우세요. 두고 가는 물건이 없는지 확인해보세요.

○ 유치원에 돌아와서 야외학습 시 재미있었던 점, 친구들에게 보여주고 싶은 것 등에 대하여 이야기 나눈다.

유의점

- 야외학습 장소는 가을철 자연의 변화를 잘 관찰할 수 있는 곳으로 정하고 사전 답사를 실시하여 구체적인 활동을 계획한다. 관계기관의 허가가 필요한 경우 1주일 전에 신청하여 허가를 받도록 한다.
- 야외학습 전날 귀가 지도 시 야외학습을 갈 것임을 알리고 편안한 복장으로 등원할 수 있도록 한다.
- 야외학습 시 안전사고가 일어나지 않도록 교사는 유아들의 안전에 유의하여 지도한다.

확장활동

- 가을동산의 변화에 따라 여러 차례 야외학습을 다녀옴으로써 유아들이 가을철 자연의 변화과정을 느낄 수 있도록 한다.
- 유아들이 야외학습에 익숙해지면 야외학습 장소에서 다음과 같은 활동을 실시

한다.

- 간식 먹기
- 동시 감상 및 창작: 가을철 자연의 모습을 표현한 동시를 감상하거나 유아들이 가을철 자연을 보고 느낀 점을 주제로 동시를 창작한다.
- 동화 듣기, 동극하기
- 그림 그리기: 야외학습을 다녀온 후에는 가을동산을 돌아보며 기억에 남는 일을 그림으로 그린다.
- 콜라주: 채집해온 자연물로 꾸미기 작품을 만든다.
- 수집한 자연물 전시: 유아들이 야외학습지에서 채집해 온 물건(예: 도토리, 솔방울 등)을 과학 영역에 전시하여 실내자유선택활동 시간에 관찰한다.

활동 3
가을

집단형태
대집단활동

활동유형
노래

활동자료
사진자료(단풍이 든 산, 벼가 익은 논), 게시판

TIP 1 마당놀이 시간 전후 또는 야외학습 시 가을 풍경을 잘 감상할 수 있는 곳에서 본 활동을 실시한다.

TIP 2 야외에서 수업을 할 경우 기타, 우쿨렐레 등의 악기를 사용하거나 멜로디를 녹음한 테이프를 재생하여 들려준다.

활동목표

- 가을철 자연의 변화를 안다.
- 가을철 자연의 아름다움을 느낀다.

활동방법

○ 가을이 되어 변화하는 자연의 모습에 대해 이야기나눈다. TIP 1
- 요즘 마당(혹은 자연의 모습)이 어떻게 변했나요?
  - 나뭇잎 색깔이 빨강, 노랑, 갈색으로 변했다.
  - 나뭇잎이 떨어졌다.
- 날씨는 어떤가요?
  - 시원한 바람이 분다.
  - 하늘이 높고 파랗다.
- 어떤 계절이 되었나요?
  - 가을

○ 교사가 노래를 부른다.
- 가을의 모습을 담은 노래가 있어요.

○ 노래를 듣고 난 후의 느낌에 대해 이야기나눈다.
- 노래를 들으면서 어떤 느낌이 들었나요?

○ 노랫말의 내용에 대해 이야기 나눈다.
- 노래에서는 가을이 되어 산이 어떤 색으로 변했다고 했나요?
  - 빨간색
- 왜 산이 빨간색으로 변했을까요?
  - 가을이 되어 산에 있는 나무의 잎들이 빨갛게 변했기 때문이다.
- (벼가 익은 논의 사진 보여주며) 벼가 익은 논의 모습이에요. 어떤 색깔들이 보이나요?
  - 노란색, 갈색
- 노래에서는 들이 노란색이라고 했어요. 들은 왜 노랗게 변했을까요?
  - 들에 심은 곡식들이 익어서 노랗게 변했다.

○ 피아노 소리로 음을 들려준다. TIP 2

◯ 한 가지 소리로 노래를 부른다.

◯ 교사와 유아가 노래를 나누어 부른다.

◯ 다 같이 노래를 부른다.

관련활동

- 이야기나누기 '가을철 날씨의 변화' (16쪽 참고)
- 사회 '야외학습' (17쪽 참고)
- 이야기나누기 '나뭇잎 색깔이 변하는 이유' (42쪽 참고)
- 이야기나누기 '나뭇잎이 떨어지는 이유' (44쪽 참고)

악 보

가 을

작사 김기은
작곡 정여라

활동 4

사계 중 '가을'

집단형태

대집단활동

활동유형

음악감상

활동자료

비발디의 사계 중 '가을' 음악 CD 또는 카세트테이프, CD 플레이어 또는 카세트테이프 플레이어, 사진자료(가을철 자연의 모습 사진), 동영상자료(사계 중 '가을' 연주 모습)

활동목표

- 가을철 자연이 변화하는 모습을 안다.
- 가을철 사람들의 생활모습을 안다.
- 음악을 듣고 어울리는 장면을 상상한다.
- 음악을 즐겁게 감상하는 태도를 기른다.

활동방법

○ 가을이 좋은 이유에 대해 이야기나눈다.
- ○○○반 어린이들은 가을의 어떤 점이 좋은가요?
  - 곡식과 과일을 추수하고 맛있는 과일을 먹을 수 있어서 좋다.
  - 시원한 바람이 불어서 좋다.
  - 나뭇잎들이 예쁘게 물들어서 좋다.

○ 감상할 음악을 소개한다.
- 가을철 자연의 모습과 사람들의 모습을 표현한 음악이 있어요.
- 이 음악은 '비발디'라는 음악가가 작곡했어요. 봄, 여름, 가을, 겨울의 모습을 각각 음악으로 만들었는데 이 음악을 '사계'라고 해요. '사계'란 봄, 여름, 가을, 겨울 네 계절을 말해요.
- 오늘은 사계 중 '가을'을 감상할 거예요.

○ 비발디의 사계 중 '가을' 1악장을 감상한다.

○ 음악 감상 후 느낌에 대해 이야기 나눈다.
- 음악을 들으니 어떤 모습이 떠오르나요?
  - 사람들이 춤을 추는 것 같다.
  - 나뭇잎이 떨어지는 것 같다.

○ 음악의 내용을 이야기한다.
- 비발디는 추수를 마친 농부들이 곡식과 채소와 과일을 풍성하게 거둬들여서 기뻐하며 잔치를 벌이는 모습을 떠올리며 이 음악을 만들었다고 해요.

○ 비발디의 사계 중 '가을' 1악장을 다시 감상한다.

○ 음악을 연주한 악기에 대해 이야기한다.
- 어떤 악기로 연주한 것 같나요?

- 바이올린
- 첼로

■ (악기 사진을 보여주며) 이 음악은 바이올린이 주로 연주를 하고 비올라, 첼로, 콘트라베이스도 함께 연주를 해요.

■ 이 악기들의 공통점은 무엇일까요?

- 활로 악기에 있는 줄을 켜서 소리를 낸다.

■ 피아노와 비슷하게 생긴 '쳄발로' 라는 악기도 함께 연주했어요.

○ 비발디의 사계 중 '가을' 1악장 연주 동영상을 감상한다.

■ 이번에는 악기를 연주하는 모습을 보며 음악을 들어보세요.

관련활동

■ 이야기나누기 '가을철 날씨 변화' (16쪽 참고)

■ 노래 '가을' (20쪽 참고)

활동 5

가을철 과일 출석표시 그림 만들기

집단형태

자유선택활동

활동유형

조형 영역

활동자료

색지, 필기구(사인펜, 유성 매직, 색연필, 크레파스), 가위, 출석표시판

'가을' 생활주제 출석표시판

활동목표

- 가을에 수확하는 과일의 종류를 안다.
- 전체와 부분의 관계를 이해하고 공동작품으로 표현한다.

활동방법

○ 출석표시판을 살펴본다.

- 출석표시판에 어울리는 출석표시 그림을 만들어 볼 거예요. 출석표시판에 어떤 그림이 있나요?
  - 어린이들이 바구니 안을 들여다보고 있다.
- 어린이들이 들여다보고 있는 바구니 안에 무엇이 있을 것 같나요?
  - 맛있는 음식, 여러 가지 과일 등이 있을 것 같다.
- 바구니 안에는 가을에 수확하는 여러 과일들이 들어 있대요. 가을에 수확하는 과일에는 어떤 것들이 있나요?
  - 사과, 감, 배 등이 있다.
- 이 과일들을 그려서 바구니 안에 붙일 거예요. 어떤 과일을 그릴지 생각해서 종이에 그려보세요. 오늘 그린 과일 그림은 앞으로 출석표시 그림으로 사용할 거예요.

○ 색지에 그림을 그린 후 가위로 오려낸다.

○ 유아들의 작품을 코팅하여 출석표시 그림으로 사용한다.

- 완성한 그림은 출석표시로 튼튼하게 사용할 수 있도록 코팅을 할 거예요.
- 코팅이 된 출석표시에 자신의 사진을 붙이고 이름을 쓰세요.

활동 6 다람쥐

활동목표

- 다람쥐의 생김새와 습성을 안다.
- 즐겁게 노래를 부르는 태도를 기른다.

활동방법

| 노래 부르기 |

○ 다람쥐 수수께끼를 낸다.

- 선생님이 어떤 동물에 대한 수수께끼를 낼 거예요. 어떤 동물인지 알아맞혀보세요.
- 나는 몸집이 작은 동물이에요. 나는 털이 북실북실한 긴 꼬리를 가지고 있어요. 내 몸과 꼬리에는 줄무늬가 있어요. 나는 도토리나 밤을 잘 먹어요. 나는 누구일까요?
  - 다람쥐

○ 다람쥐에 대해 이야기나눈다.

- (다람쥐 사진을 보며) 다람쥐는 어떻게 생겼나요?
  - 몸은 갈색이고 등과 꼬리에 검은색 줄무늬가 있다.
  - 털이 달린 긴 꼬리가 있다. 꼬리가 위를 향해 있으며 끝 부분이 구부러졌다. 꼬리의 길이는 몸의 길이보다 약간 짧다.
- 다람쥐는 주로 어디에서 살까요?
  - 나무가 많은 숲, 바위가 많은 곳에서 산다.
- 다람쥐는 무엇을 하는 것을 좋아할까요?
  - 나무를 타고 오르내리는 것을 좋아한다.
- 다람쥐는 어떤 먹이를 좋아할까요?
  - 도토리, 밤

○ 노래자료를 사용하여 노랫말을 이야기로 들려준다.

- 깊고 높은 산골짜기에 다람쥐 가족이 살고 있어요. 하늘이 파랗고 햇볕이 따뜻하게 내리쬐는 어느 가을날 아기 다람쥐는 소풍을 가기로 했어요. 다람쥐 엄마는 맛있는 도토리 도시락을 싸주셨지요. 아기 다람쥐는 도시락을 들고 숲 속으로 갔어요. 신이 난 아기 다람쥐는 팔짝팔짝 뛰기도 하고, 나무 위를 쪼르르 기어오르기도 하면서 재미있게 놀았답니다.

집단형태

대집단활동

활동유형

율동 · 노래

활동자료

· 노래 : 다람쥐 사진 또는 그림자료, 노래자료, 게시판
· 율동 : '산골짝의 다람쥐' 노래가 녹음된 카세트테이프, 카세트테이프 플레이어

'다람쥐' 노래자료

○ 교사가 노래를 부른다.

- (노래를 부른 후) 노래를 들어 아는 사람이 있나요?
- 선생님이 노래를 다시 한 번 들려 줄게요. 아는 사람들은 선생님과 같이 불러도 좋아요.

○ 교사와 유아가 같이 노래를 부른다.

| 율동하기 |

○ 유아들과 함께 '다람쥐' 노래를 부르고, 이 노래에 맞추어 율동할 것임을 이야기한다. TIP 1

- '다람쥐' 노래에 맞추어 율동을 해 볼 거예요. 오늘 율동은 두 명이서 짝이 되어 하는 율동이에요.
- 노래를 불러봅시다.

○ 율동 동작을 소개한다.

① 산골짝의 다람쥐

- 이 부분은 제자리에서 두 명이 마주보고 걷는 동작이에요. 누가 나와서 선생님과 짝이 되어 시범을 보여줄 수 있나요? 다른 사람들은 앉은 자리에서 따라해 보세요.

② 아기 다람쥐

- 제자리에서서 손뼉을 4번 쳐 봅시다. 앉은 자리에서 다 같이 손뼉을 4번 쳐 보세요.

③ 도토리 점심가지고, ④ 소풍을 간다.

- 이 부분에서는 짝과 손을 마주잡고 한 바퀴 도는 거예요. 다 같이 옆에 앉은 사람과 짝이 되어 손을 잡아보세요. 자리에서 일어나 짝과 손을 잡고 돌아봅시다.

⑤ 다람쥐야 다람쥐야, ⑥ 재주나 한 번 넘으렴

- 양손을 다른 팔 팔꿈치에 얹은 상태에서 앞으로 걸어가 앞 친구의 어깨를 스치듯 지나갔다가 뒷걸음질해서 다시 자리로 돌아오세요. TIP 2
- 누가 나와서 선생님과 짝이 되어 시범을 보여줄 수 있나요? 이번에는 또 누가 나와서 해볼까요?

⑦ 팔딱 팔딱 팔딱

- 두 손을 머리에 대어 다람쥐 귀처럼 만들고 제자리에서 높이 뛰는 거예요. 모두 제자리에서 일어나서 선생님을 보며 같이 제자리에서 높이 뛰어보세요.

⑧ 날도 참말 좋구나

- 짝과 팔짱을 끼고 한 바퀴 도는 거예요. 다같이 자리에서 일어나 옆사람과 팔짱을 끼고 한 바퀴 돌아보세요.

○ 처음부터 끝까지 율동을 시범보인다. TIP 3

- 선생님이 처음부터 끝까지 율동을 이어서 보여줄 게요. 누가 선생님과 짝이 되어 율동을 해 볼까요?

> **TIP 1** 활동 전에 노래를 미리 배워 익히도록 한다. 미리 배우지 않았더라도 다람쥐 노래는 만 4세 유아들에게 익숙한 노래이므로 여러 번 반복하여 부른 후 활동을 진행하도록 한다.

> **TIP 2** 본 동작은 '도시도 동작'이라고 한다. '도시도(Do-Si-Do)'는 댄스 용어로서 스퀘어댄스(square dance)에서 두 사람이 마주본 상태로 오른쪽 어깨를 스치며 앞으로 나갔다가 왼쪽 어깨를 스치며 뒤로 돌아오는 동작을 말한다. '도시도 동작'은 유아들이 따라 하기 어려운 동작이므로 개별 지도할 수 있도록 유아들 여러 쌍을 앞으로 나와 시범보이도록 한다.

> **TIP 3** 교사는 앞에 나온 유아들이 정확한 동작을 할 수 있도록 옆에서 함께 율동한다.

- 처음부터 끝까지 나와서 시범을 보여줄 수 있는 사람은 손을 들어 보세요. 앉아 있는 사람들은 앉아서 동작을 보며 따라해 보세요.

○ 유아들이 어려워하는 동작을 다시 해본다.

- 어려웠던 동작이 있나요? 어떤 부분이었나요? TIP 4
- 재미있어서 한 번 더 해보고 싶은 동작이 있나요?

○ 반집단씩 앞으로 나와 율동한 후 평가한다.

○ 모두 함께 율동을 한다.

TIP 4 유아들이 어려워하는 동작을 교사가 정확히 시범 보인다. 유아들은 앉은 자리나 제자리에 일어서서 교사의 동작을 다시 한 번 따라해 본다.

유의점

- 유아들이 동작을 어려워할 경우 하루에 완전하게 익히기보다는 다음날 이어서 해보거나 마당놀이 전이시간 등을 통해 반복하면서 점차 익숙해지도록 한다.

악 보

다람쥐

작사 김영일
작곡 박재훈

동 작

노랫말	동 작
① 산골짝의 다람쥐 짝과 함께 마주보고 제자리에서 걷는다.	
② 아기 다람쥐 제자리에 서서 손뼉을 4번 친다.	
③ 도토리 점심가지고, ④ 소풍을 간다 짝과 손을 마주잡고 한 바퀴 돈다.	
⑤ 다람쥐야 다람쥐야, ⑥ 재주나 한 번 넘으렴 양손을 다른 팔의 팔꿈치에 얹은 상태에서 앞으로 걸어가 앞 친구의 어깨를 스치듯 지나갔다가 뒷걸음질해서 다시 자리로 돌아온다.	

<table>
<tr><th>노랫말</th><th>동 작</th></tr>
<tr><td>⑦ 팔-딱 팔-딱 팔-딱
두 손을 마리 위로 하고 제자리에서 높이 뛴다.</td><td></td></tr>
<tr><td>⑧ 날도 참말 좋구나
짝과 팔짱을 끼고 한 바퀴 돈다.</td><td></td></tr>
</table>

활동 7

전통음식점 놀이

집단형태

자유선택활동

활동유형

역할놀이 영역

활동자료

삼계탕, 비빔밥, 파전, 불고기 등을 만들 수 있는 음식 모형, 나무그릇과 나무수저, 가스레인지, 개수대, 냉장고, 식탁, 전통문양 식탁보

부모조력활동으로 제작한 비빔밥 재료, 파전 모형

활동목표

- 전통음식의 종류와 재료에 관심을 갖는다.
- 음식점에서 일어나는 다양한 상황을 극놀이로 표현한다.

활동방법

○ 전통음식에 대한 경험을 이야기 나눈다.

- (전통음식 사진을 보여주며) 무슨 음식인가요?
  - 비빔밥, 불고기, 파전, 삼계탕 등
- 우리나라 사람들이 옛날부터 즐겨 먹던 음식이에요. 이런 음식을 '전통음식'이라고 해요.

○ 역할놀이 영역에 준비된 전통음식 모형에 대해 이야기를 나눈다.

- (비빔밥에 들어가는 재료 모형들을 보면서) 무엇인가요?
  - 당근, 시금치, 버섯, 호박, 밥 등
- 이 재료들로 무엇을 만들 수 있을까요?
  - 비빔밥
- 어떻게 그릇에 담을까요? (비빔밥 사진을 보여주며 이야기한다)
- 다른 음식들도 재료와 음식 사진을 보며 이야기나눈다.

○ 역할 놀이 영역에서 전통음식점 놀이하는 방법을 이야기나눈다.

- 전통음식점에서 놀이하려면 어떤 사람들이 필요할까요?
  - 주인 : 음식점을 지키고 계산도 해준다.
  - 요리사 : 음식을 만든다. 설거지도 한다.
  - 종업원 : 주문을 받는다. 음식을 가져다주고 치운다.
  - 손님 : 가게에 와서 음식을 사 먹는다.
- 음식점에서 어떤 음식을 팔고 있는지 알 수 있으려면 무엇이 있어야 할까요?
  - 메뉴판이 있어야 한다.
  - 메뉴판에는 음식 종류와 가격이 적혀 있다.
- 이 음식점에서는 어떤 음식을 파나요?
  - 비빔밥, 삼계탕, 불고기, 파전 등을 판다.

■ 메뉴판에 필요한 메뉴를 적어보세요.

메뉴판에 메뉴 적기

○ 방안놀이 시간에 역할 놀이 영역에서 전통음식점 놀이를 한다.

삼계탕 만들기

비빔밥 만들기

유의점

■ 놀이를 마친 후 평가하는 시간을 갖는다. 놀이할 때의 문제점이나 부족한 점을 유아들과 의논하여 함께 해결하고 채워나간다.

활 동

8 모자 장수

집단형태

대집단활동

활동유형

동극

활동자료

반입체 동화자료, 낮은 책상, 동극자료(모자) TIP 1

'모자 장수' 동화자료

TIP 1 모자는 역할놀이 영역 소품을 활용하거나 유아들이 마분지, 색도화지로 만들어 준비한다.

활동목표

- 동화의 내용을 이해하고 극으로 표현한다.
- 원숭이의 특징을 안다.
- 순서짓기와 패턴을 익힌다.

활동방법

○ 동화를 듣고 난 뒤 동극을 할 것임을 알려준다.

- 동화를 듣고 동극을 하는 데 필요한 사항을 당부한다.
  - 어떤 등장인물이 나와서 어떤 말을 하는지 기억하면서 듣는다.
  - 동극을 하기 위해서는 어떤 준비물과 무대가 필요할지 생각하면서 듣는다.

○ '모자 장수' 반입체 동화를 들려준다.

- 선생님이 '모자 장수' 동화를 들려줄 거예요. 동화를 듣고 동극으로 해볼 거예요.

○ 유아들과 동화의 내용과 대사를 회상해본다.

- 원숭이는 흉내 내는 것을 좋아해요. 장난도 잘 친다고 해요.
- 원숭이가 모자 장수의 행동을 어떻게 따라했는지 동화 내용을 기억해봅시다.
- 모자 장수가 뭐라고 말하며 모자를 팔았나요?
  - "모자 사려! 모자요! 모자 한 개에 오천 원이오."
- 힘들어진 모자 장수는 뭐라고 말했나요?
  - "어휴, 힘들어. 어디 가서 좀 쉬어야겠다."
  - "여기서 쉬어야겠다. 이젠 잠을 좀 자야지."
- 모자 장수가 잠이 든 모습을 흉내 내어보세요.
- 모자 장수처럼 기지개를 펴며 일어나면서 말해보세요.
  - "아! 잘 잤다."
- 모자가 없어진 것을 안 모자 장수는 뭐라고 말했나요?
  - "어? 이상한데, 모자들이 다 어디로 가고 내 모자만 남았지?"
- 나무 위를 올려다보니 누가 모자를 쓰고 있었나요?
  - 원숭이
- 선생님이 모자 장수가 되어서 말해볼게요. ○○○반 어린이들이 원숭이가 되어보세요.
- (한 팔을 들며) 원숭이들아, 내 모자 돌려줘! 내 모자 돌려줘!

• "(한 팔을 들며) 끽 끽끽 끽 끽! 끽 끽끽 끽 끽!"

■ 이번에는 ○○○반 어린이들이 모자 장수가 되어서 말하면 선생님이 원숭이가 되어볼게요.

■ 이번에는 남자 어린이들이 모자 장수가 되고, 여자 어린이들이 원숭이가 되어서 이야기해보세요.

■ 이번에는 여자 어린이들이 모자 장수가 되고, 남자 어린이들이 원숭이가 되어서 이야기해보세요.

■ 다 같이 모자 장수와 원숭이처럼 모자를 던지는 흉내내어 보세요.

○ 동극 무대 꾸미기에 대해 의논하고 무대를 꾸민다.

■ 동국을 하려면 어떤 장소가 필요한가요?

• 원숭이가 올라갈 수 있는 나무 TIP 2

■ 원숭이들이 올라가 있을 나무는 어디로 할까요?

• 구름다리를 나무로 한다.

• 네스팅브릿지를 나무로 한다.

○ 동극에 필요한 소품을 정한다.

■ 동극을 하려면 무엇이 필요한가요?

• 모자

■ 모자는 어떻게 준비할까요?

• 각 반의 역할 놀이 영역에 있는 모자를 모은다.

• 색도화지로 만든다.

○ 동극의 배역을 정한다.

■ 동극을 하기 위해서 어떤 역할들이 필요할까요?

• 모자 장수, 원숭이들

■ 어떤 역할을 하고 싶은지 생각해보세요.

■ 모자 장수(원숭이)역할을 하고 싶은 사람을 손을 드세요.

○ 배역을 맡은 유아들이 앞에 나와 한 줄로 서서 자기소개와 인사를 한다.

■ 역할을 맡은 사람들은 앞으로 나오세요. 한 줄로 서서 차례대로 자신이 맡은 역할과 이름을 소개하세요.

• "저는 모자 장수(원숭이)를 맡은 ○○○입니다."

○ 동극할 준비를 한다. 이때 교사는 무대를 가리지 않도록 자리를 유아들 옆으로 이동한다.

■ 모자 장수는 모자를 쓰고 무대로 가서 준비하세요.

■ 원숭이 역할을 맡은 사람은 나무로 정한 곳에 올라가세요. 자리가 좁으면 나무 뒤에 숨어도 좋아요.

○ 동극을 한다.

TIP 2 유아들이 올라가서 움직이기에 적합한 기구가 있으면(예: 구름다리, 네스팅브릿지 등) 나무로 정한다.

■ 지금부터 ○○○반 어린이들의 '모자 장수' 동극을 시작하겠습니다.

○ 동극이 끝나면 동극을 한 유아들은 무대 한 가운데에 한줄로 서서 인사를 하고 자리에 앉는다.

○ 동극을 평가한다.

■ 동극이 재미있었나요? 어떤 점이 재미있었나요?
- 원숭이가 모자를 빼앗아 가는 것이 재미있었다.
- 원숭이가 모자 장수를 흉내 내는 것이 재미있었다.
- 모자 장수가 모자를 여러 개 쓰고 걷는 것이 재미있었다.

■ 어떻게 하면 동극을 더 재미있게 할 수 있을까요?
- 모자 장수가 다른 몸동작을 하고 원숭이가 따라하면 재미있을 것 같다.

○ 두 번째 동극의 배역을 정한다.

○ 배역을 맡은 유아들이 앞에 나와서 자기소개를 하고 동극을 시작한다.

○ 동극이 끝나면 동극을 한 유아들이 인사를 하고 자리에 앉는다.

○ 동극을 평가한 뒤 무대를 정리한다.

동 화

모자 장수

1.

옛날 어느 마을에 모자 장수가 있었습니다. 이 모자 장수는 언제나 모자들을 자기 머리 위에 차곡차곡 쌓아서 가지고 다녔습니다. 맨 처음에는 자기의 체크무늬 모자를 썼습니다(모자 장수의 머리 위에 체크무늬 모자를 붙인다 : 이하 동일). 그 위에는 보라색 모자, 그 위에는 노란색 모자, 파란색 모자, 그리고 맨 위에는 빨간색 모자를 쓰고 다녔습니다. 모자 장수는 모자가 떨어지지 않게 똑바로 서서 다니면서 이렇게 외쳤습니다(모자 장수를 칼집을 낸 길을 따라 왼쪽에서 오른쪽으로 천천히 움직인다).

모자 장수 모자 사려! 모자요! 모자 한 개에 오천 원이요.

하지만 이 날은 아무도 모자를 사지 않았습니다.
모자 장수는 더 열심히 외쳤습니다.

모자 장수 모자 사려! 모자요! 모자 한 개에 오천 원이요.

2.

오랫동안 걸어 다닌 모자 장수는 이제 힘도 들고 배도 고파서 더 이상 걸어 다닐 수가 없었습니다.

모자 장수 어휴, 힘들어. 어디 가서 좀 쉬어야겠다.

모자 장수는 모자가 흐트러지지 않도록 천천히, 천천히 걸어갔습니다. 모자 장수는 한참을 걸어서 큰 나무 밑까지 왔습니다.

모자 장수 여기서 쉬어야겠다.

모자 장수는 모자가 흐트러지지 않도록 나무에 등을 기대고 천천히 앉았습니다. 그리고 손을 올려서 모자가 모두 있는지 만져보았습니다. 모자는 모두 그대로 있었습니다.

모자 장수 이젠 잠을 좀 자야지.

3.

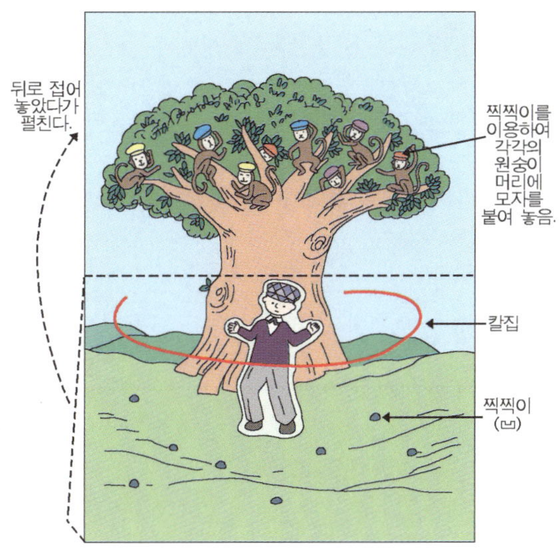

모자 장수는 오랫동안 잠을 자고 깨어났습니다.

모자 장수 아! 잘 잤다.

모자 장수는 크게 기지개를 켜고 나서 일어나기 전에 손으로 모자를 만져 보았습니다. 그런데 모자들은 온데간데 없이 사라지고 모자 장수의 체크무늬 모자만 남아 있었습니다.

모자 장수 어? 이상한데, 모자들이 다 어디로 가고 내 모자만 남았지?

깜짝 놀란 모자 장수는 벌떡 일어나서 여기저기를 둘러보았습니다(모자 장수를 칼집을 낸 길을 따라 움직인다). 오른쪽으로 가보았습니다. 모자는 없었습니다. 왼쪽으로도 가보았습니다. 역시 모자는 없었습니다.

모자 장수 어? 모자들이 다 어디 갔지?

이번에는 나무 뒤로 가보았습니다. 역시 모자는 없었습니다(모자 장수를 칼집 낸 길을 따라 움직인다).

모자 장수 어? 이상한데, 모자들이 다 어디로 갔지?

모자 장수는 나무 위를 올려다보았습니다(뒤로 접어놓았던 나무 윗부분 그림을 올린다).
나뭇가지마다 원숭이들이 앉아 있었는데 머리에 모자 장수의 모자를 쓰고 있었습니다.
모자 장수는 원숭이들을 올려다보았습니다.
원숭이들도 모자 장수를 쳐다보았습니다.
모자 장수는 한 팔을 들고 말했습니다(교사도 동화를 들려주면서 한 팔을 들고 움직이며 대사를 말한다: 이하 동일하게 한다).

모자 장수 원숭이들아, 내 모자 돌려줘! 내 모자 돌려줘!

원숭이들은 모자 장수가 한 것과 똑같이 한 팔을 들고 소리쳤습니다.

원숭이들 끽 끽끽 끽 끽! 끽 끽끽 끽 끽! (유아들 해보기)

그리고 모자는 주지 않았습니다. 모자 장수는 화가 나서 두 팔을 들고 소리쳤습니다.

모자 장수 원숭이들아, 내 모자 돌려줘! 내 모자 돌려줘!

원숭이들은 이번에도 모자는 돌려주지 않고 모자 장수가 한 것처럼 두 팔을 들고 소리를 질렀습니다.

원숭이들 끽 끽끽 끽 끽! 끽 끽끽 끽 끽!

모자 장수는 발을 구르면서 소리쳤습니다.

모자 장수 원숭이들아, 내 모자 돌려줘! 내 모자 돌려줘!

원숭이들도 발을 구르며 소리쳤습니다.

원숭이들 끽 끽끽 끽 끽! 끽 끽끽 끽 끽!

모자 장수는 더욱 화가 나서 두 팔을 들고 발도 구르면서 소리쳤습니다.

모자 장수 원숭이들아, 내 모자 돌려줘! 내 모자 돌려줘!

원숭이들도 두 팔을 들고 발도 구르며 소리쳤습니다.

원숭이들 끽 끽끽 끽 끽! 끽 끽끽 끽 끽! (유아들 해보기)

모자 장수는 너무나 화가 나서 쓰고 있던 자기 모자를 벗어서 '휙' 던져버렸습니다(모자 장수 머리에 쓴 모자를 떼어 나무 아래에 붙인다).

그랬더니 원숭이들도 모자 장수가 한 것처럼 모자를 벗어서 나무 아래로 던졌습니다(원숭이 머리에 쓴 모자를 떼어 나무 아래에 붙인다).

4.

모자 장수는 땅에 떨어진 모자들을 모두 주워서 다시 머리 위에 차곡차곡 올렸습니다. 그리고 다시 모자를 팔러 천천히 걸어갔습니다(칼집을 낸 길을 따라 오른쪽에서 왼쪽으로 움직인다).

모자 장수 모자 사려! 모자요!

활동 9 반환점 돌아오기

집단형태

대집단활동

활동유형

신체(게임)

활동자료

출발선 표시, 대기선 표시, 육상경기에서 선수들이 바통을 주고받는 모습 사진자료, 바통 2개, 반환점 2개, 게시판

'반환점 돌아오기' 활동자료 및 세팅

활동목표

- 릴레이 게임방법을 익힌다.
- 친구들과 협력하는 태도를 기른다.

활동방법

○ 유아들이 양편으로 나누어 의자에 앉는다.

○ 게임자료를 보며 게임방법에 대해 이야기나눈다.

- (육상경기에서 선수들이 바통을 주고받는 모습 사진을 보여주며) 사진을 살펴봅시다. 무엇을 하는 모습인가요? 선수들 손에 무엇이 있나요?
  - 달리기 경기를 하고 있다. 앞 사람의 손에 있는 막대기를 뒷사람이 잡고 있다.
- 이 막대기는 무엇인가요?
  - 릴레이 게임에서 앞 사람이 경기를 마치고 다음 사람에게 건네주는 막대기이다.
- 이것을 '바통' 이라고 불러요.
- 바통을 사용해서 '반환점 돌아오기' 게임을 할 거에요.
- 각 편에서 두 사람이 나와서 한 사람은 바통을 들고 출발선에 서고, 다른 한 사람은 대기선에 서요.
- 앞 사람이 출발하면 대기선에 서있던 사람은 출발선에 서서 기다려요.
- 앞 사람이 도착해서 바통을 건네주면 바통을 이어받은 사람이 출발하는 거예요.
- 의자에 앉아있는 사람은 옆에 앉아있던 사람이 대기선에서 출발선으로 자리를 옮기면, 앞으로 나가서 대기선에 서요.

○ 유아 3명이 시범을 보인다.

○ 게임 시 지켜야 할 규칙과 응원 태도에 대해 이야기한다.

- 걷다가 바통을 떨어뜨리면 어떻게 해야 할까요?
  - 바통을 주워서 게임을 계속 한다.
- 출발선에 들어온 사람은 자리로 돌아갈 때 다음에 출발하는 친구들과 부딪히지 않도록 자기편 의자 뒤로 돌아 가세요.
- 의자에 앉아 있는 사람들은 어떻게 해야 할까요?
  - 친구들이 게임을 하는 모습을 지켜보며 응원을 한다.
  - 자기 차례가 되면 앞으로 나가 게임을 준비한다.

- 각 편 유아의 수를 반씩 나누어 한 그룹이 먼저 게임을 한다.
- 첫 번째 그룹의 게임을 평가한다.
  - 게임을 할 때 어떤 점이 어려웠나요?
  - 바통을 다음 사람에게 잘 전달했나요?
  - 자기 차례를 잘 생각해서 나왔나요? 어떻게 하면 자기 순서를 잊지 않을 수 있을까요?
- 두 번째 그룹이 게임을 하고 평가한다.
- 전체 유아들이 게임을 하고 평가한다.
- 유아들과 함께 게임 자료를 정리한다.

2. 가을철 자연의 변화

나뭇잎 색깔이 변하는 이유 / 나뭇잎이 떨어지는 이유 / 가을 나무 꾸미기 / 낙엽 / 나뭇잎 / 가랑잎 / 바사삭 바사삭 / 낙엽 말리기 / 나뭇잎의 여행 / 나뭇잎 모양대로 놓기 / 낙엽 자리 바꾸기 / 낙엽 분류하기 / 솔방울 모빌 / 색 혼합 실험 / 색깔 행진 / 자연물 악기 연주하기

활 동 1

나뭇잎 색깔이 변하는 이유

집단형태

대집단활동

활동유형

이야기나누기 · 과학

활동자료

나뭇잎 색깔이 변하는 이유에 대한 그림자료(OHP자료), OHP

활동목표

- 가을철 자연의 변화에 관심을 갖는다.
- 가을철 나뭇잎 색깔이 변하는 이유를 이해한다.

활동방법

○ 가을에 나뭇잎 색깔이 변하는 것에 대하여 이야기나눈다.

- 야외학습을 갔을 때(마당놀이 시간에) 나뭇잎 색깔이 어땠나요?
- 봄, 여름에는 어떤 색깔이었나요?
- 가을이 되면 왜 나뭇잎 색깔이 변할까요?

○ 나뭇잎의 색깔이 변하는 이유에 대해 이야기한다.

- 나뭇잎 속에는 나뭇잎의 색깔을 나타내는 요소가 들어 있어요. 초록색, 빨간색, 노란색, 주황색, 갈색을 나타내는 요소가 골고루 들어 있어요.
- 모든 나무들은 초록색을 나타내는 요소를 가지고 있어요. 그러나 어떤 나무는 빨간색을 나타내는 요소, 또 어떤 나무는 노란색을 나타내는 요소가 더 많이 들어 있지요.
- 봄, 여름에는 노란색, 빨간색보다 초록색을 나타내는 요소의 힘이 세요. 그래서 나뭇잎들이 노란색, 빨간색을 보이고 싶어도 힘이 센 초록색이 다른 색들을 덮

색깔을 나타내는 요소가 들어있는 나뭇잎

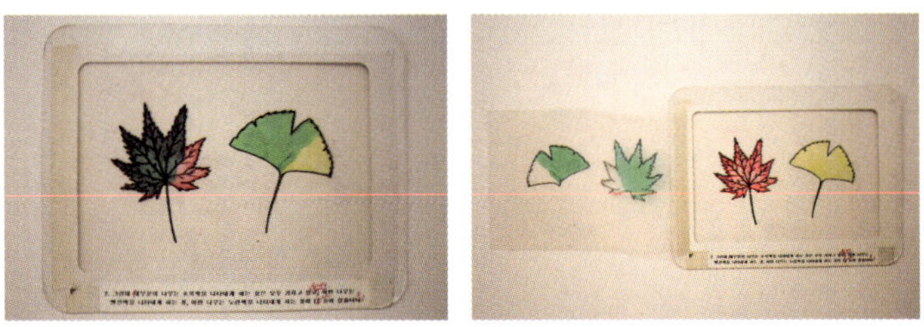

색깔이 점점 변하는 나뭇잎

어버리기 때문에 초록색으로 보이지요.

- 가을이 되면 나뭇잎 속에 들어 있는 초록색 요소의 힘이 약해져요. 그래서 초록색은 점점 사라지고, 밑에 있던 빨간색, 노란색이 서서히 나타나요. 그래서 가을에는 나뭇잎들이 빨갛게 노랗게 보이는 거예요.

관련활동

- 이야기나누기 '나뭇잎이 떨어지는 이유' (44쪽 참고)
- 노래 '낙엽' (48쪽 참고)
- 수학 '낙엽 분류하기' (67쪽 참고)
- 율동 '색깔 행진' (72쪽 참고)

활 동
2 나뭇잎이 떨어지는 이유

집단형태

대집단활동

활동유형

이야기나누기 · 과학

활동자료

나뭇잎이 떨어지는 이유에 대한 그림자료, 게시판

활동목표

- 가을철 자연의 변화에 관심을 갖는다.
- 가을철 나뭇잎이 떨어지는 이유를 이해한다.

활동방법

○ 가을에 나뭇잎이 떨어지는 현상에 대하여 이야기한다.

- 나뭇잎이 떨어지는 모습을 본 적 있나요?
- 나뭇잎은 왜 가을이 되면 떨어지는 것일까요?
  - 나뭇가지에 붙어있을 힘이 없다.
  - 바람이 부니까 떨어진다.

○ 그림자료를 보여주며 나뭇잎이 떨어지는 이유를 소개한다.

- 나무는 뿌리, 줄기, 잎으로 되어 있어요. 이 중에서 뿌리는 땅 속에 있는 물을 빨아들여 줄기와 잎으로 올려 보내요.

- 봄, 여름 동안에는 비가 많이 내려 땅 속으로 스며들어가요. 뿌리는 땅 속에 스며든 물을 많이 빨아들여 줄기와 잎에게 전해주지요. 그래서 나무는 튼튼한 줄기와 싱싱한 잎을 갖게 되요.

■ 날씨가 추워지고 비가 잘 오지 않는 가을이 되면 뿌리는 힘이 약해지고 나뭇잎에게 줄 물을 많이 빨아들이지 못해요.

■ 나뭇가지 끝에 매달려 있는 잎들은 물을 많이 먹고 싶어 하지만 뿌리는 물을 많이 줄 수 없어요. 왜냐하면 다음 해 봄까지 필요한 물을 조금이라도 남겨놓아야 하기 때문이지요.

■ 물을 많이 먹지 못한 나뭇잎들은 하나씩 하나씩 나뭇가지에서 떨어지게 되는 거예요.

■ 나무는 겨울동안 남은 물을 잘 저장해두었다가 다음 해 봄에 또 다시 잎이 나게 하는 데에 사용해요.

관련활동

■ 이야기나누기 '나뭇잎 색깔이 변하는 이유' (42쪽 참고)

■ 노래 '낙엽' (48쪽 참고)

■ 노래 '나뭇잎' (50쪽 참고)

활동 3

가을 나무 꾸미기

집단형태

자유선택활동

활동유형

조형 영역

활동자료

계절별 유치원 마당이나 야외학습에서 찍은 사진, 나무의 윤곽선을 그려놓은 전지, 야외학습 시 수집하여 말려놓은 나뭇잎과 나뭇가지, 갈색 계열의 조각색지, 재활용품(예: 휴지 속심, 테이프 속심 등), 무독성 본드, 본드받침, 물감, 붓, 모루도장, 부직포를 깐 물감접시, 색연필, 사인펜

TIP 활동하기 전 야외학습에 다녀 온 경험을 바탕으로 이야기를 나눈다.

활동목표

- 가을철 나무의 변화를 안다.
- 다양한 재료를 이용하여 나무의 모습을 꾸민다.

활동방법

○ 가을철 자연의 변화에 대해 이야기한다.

- 야외학습에서 본 나무의 모습이 어땠나요? TIP
- (봄 · 여름에 찍었던 마당 사진과 최근에 찍은 마당 사진을 보여주며) 유치원 마당이 봄, 여름과 비교해서 어떻게 달라졌나요?
    - 나뭇잎의 색깔이 바뀌었다.
    - 나뭇잎이 떨어져서 마당에 쌓였다.

○ '가을 나무 꾸미기' 활동을 소개한다.

- 교실 안에 가을 나무를 만들어 볼 거예요.
- 어떤 나무를 만들까요?
    - 은행나무, 단풍나무, 플라타너스 나무 등
- 어떻게 나무를 만들어 볼까요?
    - 전지에 나무를 그린다.
    - 나무 기둥과 가지, 나뭇잎을 꾸민다.

○ 나무의 기둥과 가지를 꾸민다.

- 종이에 미리 나무를 그려 놓았어요. 나무 밑그림 위에 여러 가지 방법으로 나무를 꾸며볼 거예요. 나무 기둥과 가지를 어떻게 꾸며 볼까요?
    - 크레파스나 물감으로 칠한다.
    - 조각종이를 찢거나 오려 붙인다.
    - 종이를 말아서 붙이거나 휴지 속심, 테이프 속심과 같은 재활용품을 갈색 물감으로 칠하여 붙인다.
    - 야외학습에서 주워 온 나뭇가지, 낙엽 등을 붙인다.
- 나무 기둥과 가지를 꾸며봅시다.

○ 나뭇잎을 꾸민다.

- △△나무는 나뭇잎이 어떻게 생겼나요? 가을철에는 어떤 색깔이 되나요?

■ △△나무의 나뭇잎을 어떻게 꾸밀 수 있을까요?

• 모루 도장을 찍는다.

• 야외학습이나 마당놀이 때 주워서 말린 나뭇잎을 붙인다.

• 색연필이나 사인펜, 크레파스 등으로 나뭇잎을 그린다.

■ 나뭇잎을 꾸며봅시다.

유의점

■ 본 활동은 가을 나무 꾸미기 방법에 대한 이야기나누기, 나무 기둥과 나뭇가지 만들기, 나뭇잎 꾸미기 등으로 활동을 세분화해서 3~4차례 나누어 실시한다.

관련활동

■ 이야기나누기 '나뭇잎 색깔이 변하는 이유' (42쪽 참고)

■ 이야기나누기 '나뭇잎이 떨어지는 이유' (44쪽 참고)

가을나무 꾸미기

'가을 나무' 완성작품

활동 4

낙엽

집단형태

대집단활동

활동유형

노래

활동자료

노래자료(은행나무 TIP, 바람), 게시판

'낙엽' 노래자료

TIP 노랗게 물든 은행잎에 벨로크 테이프를 붙여 나뭇가지에 붙여놓았다가 '와아와 리루루' 부분에서 땅으로 떨어지도록 한다.

활동목표

- 가을철 나무의 변화에 관심을 갖는다.
- 가을철 자연의 아름다움을 느낀다.

활동방법

○ 나뭇잎이 떨어지는 것을 본 경험에 대해 이야기나눈다.

- 마당에 있는 나무의 나뭇잎은 어떤 색인가요?
  - 노란색, 빨간색, 갈색
- 바람이 불 때 나뭇잎들이 어땠나요?
  - 나무에 매달린 잎들이 흔들린다.
  - 나뭇잎이 팔랑팔랑 떨어진다.
- 나뭇잎이 떨어지는 모습이 어땠나요?
  - 아름다웠다.
  - 춤을 추는 것 같았다.

○ 노래자료를 사용하며 노랫말에 대해 이야기나눈다.

- 여름철 내내 초록색 옷을 입고 있던 은행나무가 가을이 되어 옷을 갈아입기 시작했어요. 어떤 색 옷으로 갈아입었을까요?
  - 노란색
- 어디선가 가을바람이 불어오자 은행잎들이 하나둘씩 떨어졌어요. 나뭇잎들은 가을바람이 부르는 노래에 맞춰 춤을 추며 떨어졌어요. (노래로 부르며) '와아와 리루루 와아와 리루루'

○ 노래를 듣고 난 후의 느낌을 이야기나눈다.

- 노래를 들으면서 어떤 느낌이 들었나요?

○ 피아노 소리로 음을 들려준다.

○ 노래자료를 사용하며 교사가 노래를 한 번 더 부른다.

○ 교사와 유아가 노래를 부른다.

○ 은행나무 대신 다른 나무의 나뭇잎이 떨어지는 소리를 생각하게 한 뒤 노랫말을 바꾸어 부른다.

관련활동

- 이야기나누기 '나뭇잎이 떨어지는 이유' (44쪽 참고)
- 동화 '나뭇잎의 여행' (58쪽 참고)
- 노래 '나뭇잎' (50쪽 참고)

악 보

낙 엽

작사 · 곡 김진영

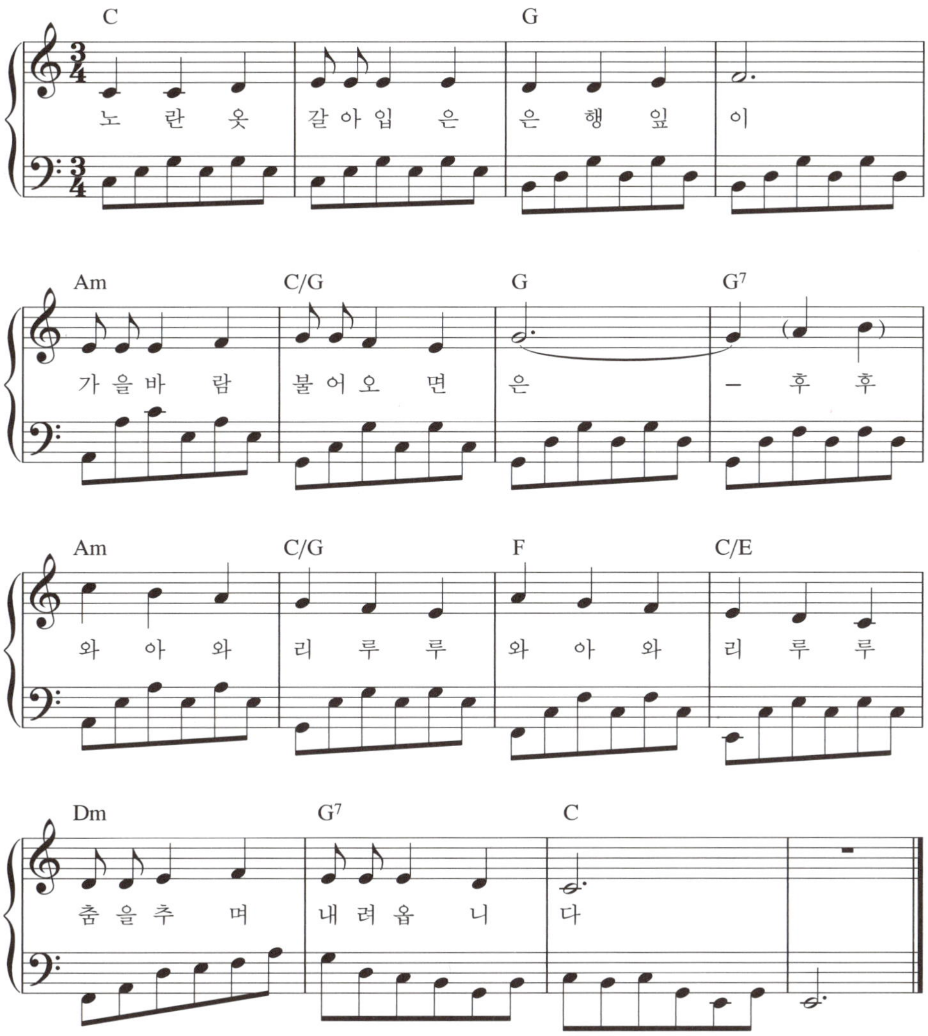

활동 5

나뭇잎

집단형태
대집단활동

활동유형
노래

활동목표

- 가을철 나무의 변화에 관심을 갖는다.
- 가을철 자연의 아름다움을 느낀다.
- 의성어와 의태어 표현을 이해한다.

활동방법

○ 나뭇잎이 떨어지는 모습을 보며 이야기나눈다.
- 나뭇잎이 어떻게 떨어지는지 보세요.
- 나뭇잎이 어떻게 떨어졌나요?
  - 아래로 쭉 떨어졌다.
  - 지그재그로 왔다 갔다 하면서 내려왔다.
  - 원을 그리듯 돌면서 내려왔다.
- 나뭇잎이 떨어지는 모습을 말로 흉내내어 보세요.
  - 쭈우욱
  - 빙글빙글
  - 팔랑팔랑
  - 요리조리

○ '나뭇잎' 노래를 소개한다.
- 나뭇잎이 떨어지는 모습을 보고 만든 노래가 있어요.

○ 교사가 노래 1절을 부른다.
- 선생님이 노래를 불러줄게요.

○ 1절 노랫말에 대해 이야기나눈다.
- 나뭇잎이 어떻게 떨어진다고 했나요?
  - 이리저리 요리조리 날아간다.

○ 피아노 소리로 멜로디를 들려준다.

○ 교사와 유아가 노래 1절을 부른다.

○ 교사가 노래 2절을 부른다.
- 이 노래의 2절을 불러줄게요. 이번에는 나뭇잎이 떨어지는 모습을 어떻게 나타냈는지 들어보세요.

○ 2절 노랫말에 대해 이야기 나눈다.
- 나뭇잎이 어떻게 되었다고 했나요?
  - 나뭇잎이 팔랑팔랑 날아간다.

○ 교사와 유아가 노래 2절을 부른다.

○ 다 같이 노래 1, 2절을 부른다.

관련활동

- 이야기나누기 '나뭇잎이 떨어지는 이유' (44쪽 참고)
- 동화 '나뭇잎의 여행' (58쪽 참고)
- 노래 '낙엽' (50쪽 참고)

악 보

나뭇잎

활동 6 가랑잎

집단형태

대집단활동

활동유형

동시

활동자료

바람 소리 효과음, 나뭇잎이 굴러가도록 조작 가능한 동시자료

활동목표

- 가을철 나무의 변화에 관심을 갖는다.
- 가을철 날씨의 변화에 관심을 갖는다.
- 의태어와 의성어 표현을 이해한다.

활동방법

○ 동시자료의 '바람 소리' (효과음)를 듣는다.
- 선생님이 어떤 소리를 들려줄 거예요. 무슨 소리인지 생각해보세요. ('바람 소리' 효과음을 들려준다)
- 무슨 소리인가요?
  - 바람 소리
- 바람이 불어서 무엇인가 날아가고 있어요. 무엇이 날아가고 있을까요?
  - 모자가 날아간다.
  - 풍선이 날아간다.
- 바람이 불자 무엇인가 굴러가고 있어요. 무엇이 굴러가고 있나요?
  - 나뭇잎이 굴러간다.
  - 공이 굴러간다.

○ 동시자료로 나뭇잎이 굴러가는 모습을 본다.
- 무엇이 바람에 굴러갔는지 보여줄게요(동시자료를 조작한다).
- 무엇이 굴러갔나요?
  - 나뭇잎, 낙엽
- 마른 낙엽이나 나뭇잎을 '가랑잎' 이라고 불러요.

○ '가랑잎' 동시를 소개한다.
- 가랑잎이 바람에 굴러가는 모습을 보고 지은 동시가 있어요. 곽동경 작가가 지은 '가랑잎' 이라는 동시에요.

○ 교사가 동시를 낭송한다.

○ 동시자료를 이용하여 교사가 한 번 더 동시를 낭송한다.

○ 교사가 동시를 한 행씩 끊어서 들려주면 유아들이 따라서 낭송한다.

○ 교사와 유아가 동시를 나누어서 낭송한다.

○ 다 같이 동시를 낭송한다.

○ 동시의 내용을 바꾸어 낭송해본다.

- 가랑잎이 굴러가는 모습을 '떽떼굴' 대신 어떤 말로 나타낼 수 있을까요?
  - 데구르르
- '데구르르'로 바꾸어서 동시를 낭송해봅시다.

관련활동

- 실외 영역 '낙엽 말리기' (56쪽 참고)
- 노래 '낙엽' (48쪽 참고)
- 노래 '나뭇잎' (50쪽 참고)
- 이야기나누기 '나뭇잎이 떨어지는 이유' (44쪽 참고)

동 시

가 랑 잎

곽동경

가랑잎 하나 떽떼굴
굴러갑니다.
아기가 아장아장
쫓아갑니다.
강아지가 쫄랑쫄랑
따라갑니다.

활동 7

바사삭 바사삭

집단형태

대집단활동

활동유형

동시

활동자료

동시 그림자료(낙엽, 바람, 다람쥐 그림), 낙엽 밟는 소리 녹음 자료, 게시판

활동목표

- 가을철 나무의 변화에 관심을 갖는다.
- 의성어, 의태어 표현을 이해한다.
- 반복된 구절을 낭송하며 운율을 느낀다.

활동방법

○ 마당놀이 시간이나 야외학습에서 낙엽을 밟아본다.
- 낙엽을 밟아보세요.
- 느낌이 어떤가요? 어떤 소리가 나나요?

○ 교실로 돌아와 낙엽을 밟아본 경험을 이야기나눈다.
- 낙엽을 밟았을 때 어떤 소리가 났나요?
  - 낙엽이 부서지는 소리가 났다.
- (낙엽 밟는 소리 들려주기) 낙엽 밟는 소리가 어떻게 들리는지 말로 표현해보세요.
  - 바스락 바스락
  - 부시럭 부시럭
  - 바사삭 바사삭

○ 동시자료를 사용하여 동시의 내용에 대해 이야기나눈다.
- 바사삭 바사삭. 낙엽 밟는 소리가 들려요. 누구일까요?
- (자료를 조작하며) 가을 바람이 낙엽 사이로 지나갔어요.
- 바사삭 바사삭. 또 낙엽 밟는 소리가 들려요. 이번에는 누구일까요?
- (자료를 조작하며) 다람쥐가 지나갔어요.

○ '바사삭 바사삭' 동시를 소개한다.
- 이런 내용의 동시가 있어요. 최혜영 작가가 지은 '바사삭 바사삭'이라는 동시에요.

○ 교사가 '바사삭 바사삭' 동시를 낭송한다.

○ 동시를 듣고 난 후의 느낌에 대해 이야기나눈다.
- 동시를 들으니 어떤 느낌이 드나요?
- 동시의 어떤 부분이 재미있었나요?

○ 동시자료를 사용하여 교사가 동시를 한 번 더 낭송한다.

○ 교사 – 유아 혹은 유아 – 유아 간 동시를 묻고 대답하는 부분으로 나누어 낭송한다.

○ 동시를 처음부터 끝까지 다 같이 낭송한다.

○ 동시의 내용을 바꾸어서 낭송해본다.

- '바사삭 바사삭' 대신 낙엽이 부서지는 소리를 어떤 말로 바꾸어볼 수 있을까요?
  - 부스슥 부스슥
- '부스슥 부스슥' 으로 바꾸어서 동시를 낭송해봅시다.

관련활동

- 실외 영역 '낙엽 말리기' (56쪽 참고)
- 노래 '낙엽' (48쪽 참고)
- 노래 '나뭇잎' (50쪽 참고)
- 동시 '가랑잎' (52쪽 참고)
- 이야기나누기 '나뭇잎이 떨어지는 이유' (44쪽 참고)

동 시

바사삭 바사삭

최혜영

바사삭 바사삭
"누가 오나 보지요?"
"아뇨, 낙엽 사이로
가을 바람이 지나갔어요."

바사삭 바사삭
"누가 오나 보지요?"
"아뇨, 낙엽 사이로
다람쥐가 지나갔어요."

활동 8
낙엽 말리기

집단형태
자유선택활동

활동유형
실외 영역

활동자료
신문지, 두꺼운 책

낙엽 줍기

주운 낙엽 말리기

활동목표

- 나뭇잎의 종류와 생김새를 안다.
- 말린 낙엽의 생김새를 탐색한다.
- 말린 낙엽을 조형활동의 재료로 활용한다.

활동방법

○ '낙엽 말리기' 활동을 소개한다.
- 유치원 마당에서 어떤 낙엽을 보았나요?
  - 단풍잎, 은행잎, 플라타너스잎, 목련잎 등을 보았다.
- ○○○은 어떻게 생겼나요? 무슨 색인가요?
- 낙엽의 색깔과 모양을 그대로 간직하면서 오랫동안 볼 수 있는 방법이 있어요. 낙엽을 신문지 사이에 끼워두고 무거운 물건으로 눌러놓으면 어떻게 될까요?
  - 납작해진다.
  - 마른다.

○ 마당놀이 시간이나 야외학습에서 낙엽을 줍는다.
- 색깔이 고운 낙엽이나 모양이 예쁜 낙엽이 있으면 바구니에 모으세요.

○ 주워 온 낙엽을 씻고 낙엽의 생김새를 관찰한다.
- 낙엽에 묻어 있는 흙, 먼지를 없애기 위해 물로 깨끗이 씻어봅시다.
- 낙엽이 어떻게 생겼나요?
- 무슨 색깔인가요?
- 물과 영양분이 다니는 길(잎맥)이 보이나요?
- 낙엽을 말리면 모습이 어떻게 달라지는지 살펴봅시다.

○ 물기를 없앤 후 신문지 사이에 낙엽을 끼워 넣고 무거운 물건으로 눌러놓는다.

○ 2~3일 후 말린 낙엽을 꺼내어 생김새를 탐색한다.
- 신문지 사이에 끼워두었던 낙엽을 꺼내보세요.
- 낙엽이 어떻게 되었나요? 말리기 전의 낙엽과 어떻게 다른가요?
  - 말랐다. 평평해졌다. 얇아졌다. 만지면 부서질 것 같다.
- 낙엽이 마르는 동안 낙엽에 있던 수분이 없어지면서 점점 건조해져요. 낙엽이 얇아지고 만지면 부서질 것 같은 것도 이 때문이에요.

○ 말린 낙엽을 활용할 수 있는 다양한 활동을 소개한다.

- 말린 낙엽으로 여러 가지 조형활동을 할 수 있어요.
  - 코팅한 낙엽에 꾸미기 재료를 붙여 꾸민다.
  - 말린 낙엽으로 조형활동을 한다.

관련활동

- 노래 '나뭇잎' (50쪽 참고)
- 신체 '낙엽 자리 바꾸기' (65쪽 참고)
- 수학 '낙엽 분류하기' (67쪽 참고)

활 동
9 나뭇잎의 여행

집단형태

대집단활동

활동유형

동화

활동자료

실물 나뭇잎(예: 단풍잎, 은행잎, 마로니에잎, 플라타너스잎, 상수리나뭇잎 등) TIP, 나뭇잎으로 구성한 그림자료, 반입체 동화자료

TIP '낙엽 말리기' 활동에서 사용한 나뭇잎을 자료로 활용한다.

활동목표

- 나뭇잎의 종류와 생김새를 안다.
- 부분과 전체의 관계를 안다.

활동방법

○ 다양한 종류의 나뭇잎 생김새를 살펴본다.

- 여기 어떤 나뭇잎이 있나요?
  - 단풍잎, 은행잎, 마로니에잎, 플라타너스잎, 상수리나뭇잎 등이 있다.
- (단풍잎을 보여주며) 단풍잎은 어떻게 생겼나요?
  - 손바닥 모양 같다.
  - 잎이 여러 갈래로 갈라져 있다.
  - 각 갈래의 끝은 길고 가늘며 뾰족하다.
  - 가장자리는 톱니 모양이다.
- (은행잎을 보여주며) 은행잎은 어떻게 생겼나요?
  - 부채처럼 생겼다.
  - 가운데 부분이 살짝 갈라졌다.
- (마로니에잎 보여주기) 마로니에잎은 어떻게 생겼나요?
  - 길쭉하며 한쪽 끝이 뾰족하다.
  - 가장자리가 무딘 톱니 모양이다.

○ 나뭇잎으로 구성한 그림자료를 보며 무엇처럼 보이는지 이야기나눈다.

- (자료 보여주기) 무엇처럼 보이나요?
- 왜 그렇게 생각했나요? 어느 부분이 그렇게 보이나요?

○ '나뭇잎의 여행' 반입체 동화를 들려준다.

- 나뭇잎으로 만든 여러 가지 모양이 나오는 동화가 있어요. 어떤 나뭇잎을 사용해서 무엇을 만들었는지 살펴보세요.

○ 동화 장면을 보며 이야기나눈다.

- 나뭇잎이 처음엔 무엇이 되었나요?
  - 사슴
- 사슴의 뿔은 어떤 나뭇잎으로 만들었나요?

- 그 다음에 나뭇잎들은 무엇이 되었나요?
  - 새
- 어떤 나뭇잎이 새의 날개가 되었나요?
- 바다에 떨어진 나뭇잎들은 무엇이 되었나요?
  - 배
- 배의 돛은 어떤 나뭇잎으로 만들었나요?
- 나뭇잎들은 다음에 무엇이 되었나요?
  - 물고기
- 어떤 나뭇잎이 물고기의 지느러미가 되었나요?
- 나뭇잎들은 마지막으로 무엇이 되었나요?
  - 거북이
- 거북이의 몸통은 어떤 나뭇잎으로 만들었나요?

○ 나뭇잎으로 구성하는 조형활동을 소개한다.

- 동화에 나온 것처럼 나뭇잎으로 여러 가지 모양을 만들어 볼 수 있어요.
- 나뭇잎으로 ○○○반 어린이들이 생각한 모양을 만들어 보세요.

관련활동

- 실외 영역 '낙엽 말리기' (56쪽 참고)
- 노래 '낙엽' (48쪽 참고)
- 노래 '나뭇잎' (50쪽 참고)
- 수학 '낙엽 분류하기' (67쪽 참고)

동 화

나뭇잎의 여행

1.

몹시도 강한 바람이 불었습니다. 큰 참나무에 매달린 넓적한 주황색 잎, 조그마한 노란색 잎, 길쭉한 누런색 잎, 통통한 연두색 잎, 빨간색 잎은 서로 헤어지기가 싫었습니다.

나뭇잎 1 얘들아, 우리 같이 여행을 떠나자.

나뭇잎 2 그래! 멋진 세상이 우리를 기다릴 거야.

나뭇잎들은 참나무에게 "그동안 고마웠어, 안녕." 인사를 하고 뚝 떨어졌습니다.

2.

나뭇잎들은 굴러굴러 따뜻한 해님이 비치고 있는 넓은 초원으로 바람을 타고 오게 되었습니다.

나뭇잎 1 얘들아! 우리 사슴처럼 넓은 초원을 마음껏 뛰어놀 수는 없을까?
나뭇잎 2 왜! 우리가 만들면 되지!

나뭇잎들은 사슴이 되어 초원을 뛰어다녔습니다.

3.

아니, 그런데 어디서 사자가 나타났습니다.

사 자 배고픈 참에 너 잘 만났다, 어흥!

다섯 개의 나뭇잎들은 깜짝 놀랐어요.

나뭇잎 1 얘들아! 어떡하지? 이러다가 사자의 밥이 될지도 몰라!
나뭇잎 2 도망가야겠다!

4.

다섯 나뭇잎들은 바람을 타고 넓은 하늘을 나는 새가 되었습니다.

나뭇잎 1　얘들아! 너무 기분이 좋아. 저 구름 좀 봐.
나뭇잎 2　너무 멋진 세상이구나!

하늘에서 본 세상은 참으로 아름다웠습니다.

5.

그런데 아주 큰 독수리가 날아와서 새가 된 다섯 나뭇잎들을 보며 다섯 나뭇잎들을 덮치려고 했습니다.

독수리　이상하게 생긴 새이지만 난 지금 너무 배가 고파. 배고픈 참에 잘 됐다.

다섯 나뭇잎들은 너무나 무서웠습니다.

6.

나뭇잎 1　얘들아! 서로 흩어지자!

나뭇잎들은 흩어져서 바닷물에 빠지게 되었습니다.

독수리　흥! 정말 이상하게 생긴 새네…….

하면서 독수리는 다른 곳을 향해 날아갔습니다. 나뭇잎들은 무엇이 되었을까요? 바닷물에서 뜰 수 있으려면 무엇이 되어야 할까요?

7.

다섯 나뭇잎들은 작고 예쁜 배가 되어서 바다를 둥실둥실 떠다녔습니다.

나뭇잎 1 얘들아! 기분이 너무 좋다.
나뭇잎 2 상큼한 바람, 시원한 물! 너무 좋다.

얼마나 갔을까요. 밤이 되었나봐요.

8.

파도가 점점 커지면서 나뭇잎들은 파도에 휩싸이고 말았습니다.

나뭇잎 1 얘들아! 서로 헤어지면 안 돼!

다섯 나뭇잎들은 깊은 바다에 가라앉게 되었습니다. 이번에는 나뭇잎들이 무엇이 되었을까요?

9.

다섯 나뭇잎들은 아름다운 물고기가 되어서 바다 속을 자유롭게 헤엄쳤습니다. 바다 속 세상은 참으로 신비롭고 멋진 곳이었습니다.

10.

그런데 어디서 굶주린 상어가 나타났습니다.

상 어 참 이상하게 생긴 물고기잖아! 하지만 난 너무 배가 고파. 널 먹어야겠다.

다섯 나뭇잎들은 재빨리 도망갔습니다.

나뭇잎 1　얘들아! 좋은 생각이 났어!

어떤 좋은 생각일까요?

11.

나뭇잎 1　얘들아! 상어가 싫어하는 딱딱한 거북이로 변하는 거야
상　어　이상한 물고기네.

상어는 깜짝 놀라면서 다른 곳으로 갔습니다.

나뭇잎 2　야호! 정말 좋은 생각이었어.

12.

그리하여 나뭇잎은 바다 속에서 예쁜 물고기들과 오래오래 함께 살았습니다.

활동 10

나뭇잎 모양대로 놓기

집단형태

자유선택활동

활동유형

수학 · 조작 영역

활동자료

나뭇잎으로 다른 모양을 구성한 그림판, 실제 나뭇잎을 코팅한 자료

'나뭇잎 모양대로 놓기' 활동자료

활동목표

- 나뭇잎의 종류와 생김새에 관심을 갖는다.
- 나뭇잎의 모양을 변별한다.
- 일대일 대응 능력을 기른다.

활동방법

○ 수학 · 조작 교구를 보며 낙엽에 대해 이야기 나눈다.

- 무엇이 있나요?
  - 나뭇잎으로 만든 그림과 나뭇잎
- 이 나뭇잎을 본 적이 있나요? 어디에서 보았나요?
  - 야외학습 가는 길에 떨어져 있었다.
  - 유치원 마당에도 떨어져 있었다.
- 이 나뭇잎의 색깔이 어떤가요? 모양은 어떤가요?

○ 활동방법을 소개한다.

- 여기 있는 나뭇잎들로 여러 가지 모양을 만들 수 있어요. (그림판을 보여주며) 이 그림도 나뭇잎으로 만든 그림이에요. 어떤 모양인가요?
  - 기린, 나비, 토끼 등
- 기린(나비, 토끼 등)은 어떤 나뭇잎들로 만들어졌나요?
  - 단풍잎, 은행잎, 상수리나무잎, 플라타너스잎 등
- 같은 모양의 나뭇잎을 찾아서 그림판의 맞는 자리에 놓아보세요.
- 그림판에 있는 모양 이외에 다른 모양을 만들어 보세요.

○ 놀이를 마치고 나서 교구를 분류, 정리한 뒤 교구장에 가져다놓는다.

관련활동

- 실외 영역 '낙엽 말리기' (56쪽 참고)
- 동화 '나뭇잎의 여행' (58쪽 참고)

활동 11 낙엽 자리 바꾸기

활동목표

- 나뭇잎의 종류와 생김새를 안다.
- 순발력을 기른다.
- 게임 방법을 이해하고 규칙을 지키며 게임한다.

활동방법

○ 원대형으로 의자에 모여 앉는다.

○ 게임 자료를 보며 '낙엽 자리 바꾸기' 게임을 소개한다.

- 여러 가지 나뭇잎이 있어요. 무슨 나뭇잎인가요?
  - 단풍잎, 은행잎, 플라타너스잎, 감나무잎

○ 게임 방법을 이야기한다.

- 낙엽 목걸이를 하나씩 나눠 가지세요.
- 다 함께 노래를 부르는 중간에 선생님이 신호악기를 치고 어떤 나뭇잎의 이름을 말할 거예요. 선생님이 말하는 낙엽 목걸이를 건 사람들끼리 서로 자리를 바꾸는 거예요.
- 선생님이 '낙엽' 이라고 부르면 모두 자리를 바꾸세요.

○ 연습 게임을 한다.

○ 게임 시 유의할 점에 대해 이야기한다.

- 게임을 할 때 조심해야 할 점이 있어요.
  - 자리를 바꿀 때 넘어지거나 다른 사람과 부딪히지 않도록 조심한다.

○ 게임을 한다.

- (가을 관련 노래를 부르다가 신호악기를 치고) 플라타너스잎!
- (가을 관련 노래를 부르다가 신호악기를 치고) 은행잎!
- (가을 관련 노래를 부르다가 신호악기를 치고) 낙엽!

낙엽 자리 바꾸기

집단형태

대집단활동

활동유형

신체(게임)

활동자료

낙엽 목걸이(예: 은행잎, 단풍잎, 플라타너스잎, 감나무잎 등) TIP, 신호악기

TIP 실물 나뭇잎을 코팅한 후 구멍을 뚫고 끈을 달아 목걸이로 만든다.

○ 게임을 평가한다.

○ 유아들과 함께 게임 자료를 정리한다.

- 선생님이 말하는 낙엽 목걸이를 건 사람은 앞으로 나와서 바구니에 목걸이를 넣으세요.

관련활동

- 수학 · 조작 영역 '나뭇잎 모양대로 놓기' (64쪽 참고)
- 수학 '낙엽 분류하기' (67쪽 참고)

활동 12 낙엽 분류하기

활동목표

- 나뭇잎의 종류와 생김새를 안다.
- 기준에 따라 사물을 분류한다.

활동방법

○ 유아들이 양편으로 나누어 의자에 앉는다.

○ 게임 자료를 보며 게임 방법을 소개한다.

- 벽에 무엇이 있나요?
  - 칸이 4개 있다. 각 칸에는 나뭇잎이 하나씩 붙어 있다.
- 바닥에는 무엇이 그려져 있나요?
  - 동그라미가 그려져 있다.
- 동그라미 안에는 무엇이 놓여 있나요?
  - 여러 가지 낙엽(예: 은행잎, 단풍잎, 목련잎, 목백합 잎 등)들이 놓여있다.
- 각 편에서 한 명씩 나와 출발선에 서서 준비를 해요.
- 선생님이 출발 신호를 울리면 달려가서 동그라미 안에 있는 낙엽 중 하나를 골라요.
- 벽에 가서 자기가 고른 낙엽과 같은 종류의 낙엽 칸을 찾으세요.
- 고리에 낙엽을 걸고 돌아와 선생님과 악수를 하세요.

○ 시범을 보인다.

○ 평가 방법을 이야기한다.

- 선생님과 먼저 악수한 사람의 편에게 나무 그림을 한 개 붙여줄 거예요.
- 나무 그림이 많은 편이 이기는 게임이에요.

○ 각 편의 이름을 정한다.

○ 응원 태도에 대해 이야기한다.

- 친구들이 게임을 할 때 어떤 태도로 봐야 할까요?
  - 바르게 앉아서 응원을 한다. 이긴 사람에게는 박수를 쳐주고 진 사람에게는 끝까지 잘 하라는 응원을 한다.

○ 게임을 한다.

○ 게임을 평가한다.

집단형태

대집단활동

활동유형

수학 · 신체(게임)

활동자료

출발표시, 낙엽 분류 게시판 자료(벽면 부착용, 나뭇잎에는 고리 걸이를 달아서 준비함), 고리를 끼운 낙엽(예: 은행잎, 단풍잎, 목련잎, 목백합 잎 각 10개씩), 평가 자료(나무 그림 각 15개씩), 평가 게시판, 신호악기

'낙엽 분류하기' 환경 구성

낙엽 분류 게시판

- 먼저 ○○ 편의 나무를 세어보세요. 이번엔 △△ 편의 나무를 세어보세요.
- 어느 편의 나무가 더 많나요? 몇 개 더 많나요?
- 이번 게임은 ○○ 편이 이겼어요. ○○ 편에게 잘 해주었다고 박수쳐주세요.
- △△ 편에게도 함께 열심히 해주었다고 박수쳐주세요.

○ 응원태도를 평가한다.

- ○○ 편, △△ 편 모두 바른 태도로 응원했나요?
- 함께 즐겁게 게임한 ○○ 편과 △△ 편 모두에게 박수쳐줍시다.

○ 유아들과 함께 게임자료를 정리한다.

관련활동

- 수학 · 조작 영역 '나뭇잎 모양대로 놓기' (64쪽 참고)
- 실외 영역 '낙엽 말리기' (56쪽 참고)
- 신체 '낙엽 자리 바꾸기' (65쪽 참고)

활동 13

솔방울 모빌

활동목표

- 솔방울의 생김새를 안다.
- 다양한 재료를 활용하여 창의적으로 미술작품을 만든다.

활동방법

○ 야외학습 시 유아들과 함께 주워 온 솔방울을 살펴보며 이야기나눈다.

- 조형 책상의 바구니에 담긴 것이 무엇인가요?
    - 솔방울
- 솔방울을 본 적 있나요? 어디에서 보았나요?
    - 야외학습 장소(예: 숲, 산 등)에서 보았다.
- 솔방울이 어떻게 생겼나요?
    - 작은 껍질이 여러 겹 쌓여 있다.
- 솔방울은 소나무의 열매에요. 여러 개의 잔 비늘이 겹겹이 붙어있어요. 비늘의 사이사이에 씨앗이 들어 있어요.

○ 여러 가지 꾸미기 재료를 이용하여 솔방울을 꾸민다.

- 솔방울에 여러 가지 꾸미기 재료를 붙여 모빌을 만들어 볼 거예요.
- 어떤 재료들이 있나요?
    - 얇게 자른 수수깡, 말아놓은 조각종이, 물감, 붓, 물통 등
- 꾸미기 재료들을 붙이거나 물감으로 색을 칠해 솔방울을 아름답게 꾸며보세요.

솔방울 꾸미기

○ 솔방울을 나뭇가지에 매달아 모빌을 완성한다.

- 완성된 솔방울에 실을 매달아 줄게요. 실의 다른 쪽 끝을 나뭇가지에 묶어 모빌을 만들 거예요.

집단형태

자유선택활동

활동유형

조형 영역

활동자료

솔방울, 여러 가지 꾸미기 재료(예: 미농지 자른 것, 수수깡 자른 것, 모루 자른 것, 각종 뚜껑 등), 무독성 본드, 본드 받침, 물감, 붓, 물통, 걸레, 사인펜

물감과 꾸미기 재료를 이용하여 꾸민 솔방울

벽면에 전시한 솔방울 모빌

확장활동

- 솔방울을 보관해 두었다가 12월에 금색, 은색 아크릴물감을 칠하여 꾸미면 성탄 장식품으로 사용할 수 있다.

활동 14 색 혼합 실험

활동목표

- 색깔물을 혼합하면 다른 색깔로 변한다는 것을 안다.
- 혼합에 따른 색깔물의 변화를 예측하고 실험한다.
- 주위의 다양한 색깔에 관심을 갖는다.

활동방법

○ 활동자료를 보며 활동방법을 소개한다.
- 책상 위에 무엇이 있나요?
  - 물감을 탄 색깔 물, 수조, 투명한 컵 등이 있다.
- 어떤 색깔 물이 있나요?
  - 빨강, 노랑, 파랑
- 색깔 물을 섞으면 어떻게 될까요?
  - 색이 변한다.
- 색깔 물을 섞어서 어떻게 색깔이 변하는지 살펴 볼 거예요.

○ 두 가지 색을 섞으면 어떤 색이 될지 색깔 카드와 그림판을 사용하여 예측해 본다.
- △△ 색과 ○○ 색을 섞으면 어떻게 될까요? 색깔 카드를 그림판에 붙여보세요.

○ 색 혼합 실험을 한다.
- 스포이드에 △△ 색깔 물을 넣은 후 투명한 수조에 넣어보세요.
- 스포이드에 □□ 색깔 물을 넣은 후 투명한 수조에 넣어보세요.
- 무슨 색이 되었나요?
- 실험 전에 예측한 색깔과 같나요?

○ 다른 색깔 물을 섞어본다.

○ 세 가지 색을 모두 섞으면 어떤 색이 될지 예측해 보고 실험해본다.

확장활동

- 색 셀로판지를 이용하여 빛상자(Light-box) 위에서 색 혼합 실험을 해볼 수 있다. 셀로판지를 빛상자(Light-box) 위에 서로 겹친 후 색을 관찰해본다.

집단형태

자유선택활동

활동유형

과학 영역

활동자료

빨강 · 노랑 · 파랑 물감을 탄 색깔 물, 투명한 컵 6개, 수조, 물, 스포이드, 색깔 카드와 그림판

'색 혼합 실험' 환경 구성

색 혼합 실험하기

활동 15

색깔 행진

집단형태

중집단활동(약 15명)

활동유형

율동

활동자료

악보, 색깔판(빨강, 노랑, 초록, 파랑 각 6개씩) TIP 1

'색깔 행진' 환경 구성

TIP 1 활동실의 크기와 유아의 인원수를 고려하여 활동시작 전 교사가 활동실 바닥에 색깔판을 붙여 놓는다.

TIP 2 '춤춰', '코 잡아', '손뼉 쳐' 등 다양한 내용으로 변형한다.

활동목표

- 주위의 다양한 색깔에 관심을 갖는다.
- 지시를 듣고 이해한다.
- 지시에 맞게 몸을 움직인다.

활동방법

○ 유아들과 함께 바닥에 붙어있는 색깔판에 대하여 이야기나눈다.
- 바닥에 무엇이 붙어 있나요?
  - 색깔판
- 어떤 색깔이 있나요?
  - 빨강, 노랑, 초록, 파랑
- 이 색깔판을 이용해서 율동을 할 거예요.

○ 율동할 때 사용할 노래를 들려준다.

○ 노랫말에 따른 율동 동작을 소개한다.
- (교사가 노래를 부르며) '우리 모두 다 같이 모여 모여 ~ 색깔을 부르면 그 사람만' 부분에서는 색깔판을 밟지 않고 색깔판 주변을 돌아다니세요.
- 누가 나와서 선생님과 함께 색깔판 주변을 돌아다녀볼까요? 노래에 맞추어 씩씩하게 걸어보세요.
- '움직이면 되지요' 부분에서 원하는 색깔판 위에 올라가세요.
- 다음 부분은 선생님이 노래하는 내용에 맞게 몸을 움직이면 되요. '빨강(초록, 파랑, 노랑) 앉아' 라고 노래하면 어떻게 해야 할까요? TIP 2
  - 빨강(초록, 파랑, 노랑) 판 위에 있는 사람이 자리에 앉는다.

'색깔 행진' 율동하기

○ 교사와 2~3명의 유아가 시범을 보인다.

○ 유아들이 반 집단씩 앞으로 나와 율동한 후 평가한다.

○ 다함께 율동한다.

확장활동

■ 전이 시간이나 귀가 시간에 노랫말을 개사하여 활용할 수 있다. TIP 3

악 보

재미난 색깔 놀이

작곡 Hap Plamer
편역 이 영
편곡 김진영

※ 유아들이 몸을 움직이는 부분의 노랫말을 여러 가지로 바꾸어 부른다.

TIP 3 노랫말 개사예 : ○○○ 반 이제는 모두 모두 집에 돌아갑시다. 이름을 부르면 그 사람은 집에 갈 준비하세요.
○○○ 일어나, ○○○ 일어나,
○○○, ○○○, 일어나
○○○ 일어나, ○○○ 일어나
집에 갈 준비하세요.

활동 16

자연물 악기 연주하기

집단형태

자유선택활동

활동유형

음률 영역

활동자료

아프리칸쉐이커, 유아들과 함께 수집한 자연물

활동목표

- 다양한 재료로 악기를 만들 수 있음을 안다.
- 나무로 만든 타악기의 명칭과 소리의 특징을 안다.
- 즐겁게 악기를 연주하는 태도를 기른다.

활동방법

○ 아프리칸쉐이커 악기에 대해 이야기나눈다.

- 선생님이 악기를 하나 가지고 왔어요. 이 악기에선 어떤 소리가 나는지 먼저 들어보세요.
- 어떤 소리 같았나요?
  - 부딪치면서 나는 소리 같았다.
  - 시냇물이 흐르는 것 같았다.
- (아프리칸쉐이커를 보여주며)이 악기의 이름은 '아프리칸쉐이커' 에요.
- 어떻게 생겼나요?
  - 막대기의 한쪽 끝에 동그라미 모양과 비슷한 검정색 물건이 많이 달려있다.
- 아프리칸쉐이커는 나무열매껍질을 엮어서 막대기에 달아 만든 악기에요. 열매껍질을 손으로 어루만지면 시냇물 소리가 나지요.

○ 자연물 악기 만들기에 대해 이야기한다.

- 나무 열매, 껍질, 작은 돌, 나무 조각과 같은 자연물로 악기를 만들 수 있어요.
- 악기로 만들 수 있는 자연물을 모아봅시다.

○ 악기로 만들 자연물을 수집한다.

○ 수집한 자연물로 만들 수 있는 악기에 대해 이야기나눈다.

- 어떤 악기를 만들 수 있을까요?
  - 조롱박에 작은 돌멩이를 넣어서 흔들면 소리가 나는 악기를 만든다.
  - 호두껍질을 엮어서 손으로 어루만지거나 흔들면 소리가 나는 악기를 만든다.
  - 피스타치오 껍질을 엮어서 손으로 어루만지거나 흔들면 소리가 나는 악기를 만든다.

○ 자연물 악기를 만든다.

○ 완성된 자연물 악기를 보며 이야기나눈다.

- 무엇으로 만든 악기인가요?
- 어떻게 연주하나요?
- 어떤 소리가 나나요?
- 악기의 이름은 무엇으로 정할까요?

○ 방안놀이 시간에 음률 영역에서 연주해볼 수 있음을 이야기한다.

- 우리가 만든 자연물 악기를 음률 영역에 놓아둘 거예요. 악기를 연주해보고 싶은 사람들은 방안놀이 시간에 연주할 수 있어요.

3. 추수감사

추수감사 / 추수감사 글자 꾸미기 / 추수감사 예배 / ○○○ 반 어린이들이 감사한 것 / 가을 과일 바구니 만들기 / 가을 과일 콜라주 / 밥을 먹기까지 / 임금님의 밥상 / 허수아비 / 허수아비 만들기 / 참새 세 마리 / 감 따기 / 바구니에 과일 담기 / 과일 단면 관찰하기 / 과일 끈 끼우기 / 밤 줍기

활동 1

추수감사

집단형태

대집단활동

활동유형

노래

활동자료

노래자료(논 풍경, 농부, 과일, 채소 바구니, 익은 곡식 단, 기도하고 찬송하는 농부들), 게시판

'추수감사' 노래자료

활동목표

- 추수의 의미를 안다.
- 추수하게 해주신 하나님께 감사한 마음을 갖는다.

활동방법

○ 추수에 대해 이야기 나눈다.
- 가을이 되면 논과 밭에 심은 곡식, 과일, 채소가 잘 익어요.
- 잘 익은 곡식과 과일은 어떻게 할까요?
  - 거두어들인다.
- 가을에 잘 익은 곡식과 과일을 거두어들이는 것을 '추수'라고 해요.

○ 추수감사에 대해 이야기 나눈다.
- 곡식과 과일들이 잘 자라기 위해 무엇이 필요한가요?
  - 햇볕, 비, 바람, 공기 등이 필요하다.
- 햇볕, 비, 바람, 공기는 누가 주신 것일까요?
  - 하나님이 주셨다.
- 하나님께서 햇볕, 비, 바람, 공기를 주셔서 곡식과 과일이 잘 자랄 수 있어요. 가을이 되면 잘 자란 곡식과 과일을 거두어서 먹을 수 있지요.
- 우리에게 이 모든 것을 주신 하나님의 은혜를 생각하면 어떤 마음이 드나요?
  - 감사하는 마음이 든다.
  - 나도 하나님께 무엇인가를 드리고 싶다.
- 추수하게 해주신 것을 감사드리는 마음으로, 추수한 것 중 가장 좋은 것을 골라서 하나님께 예물로 드려요.
- 하나님께 감사하는 마음을 또 어떻게 표현할 수 있을까요?
  - 기도를 한다.
  - 노래로 부른다.

○ '추수감사' 노래를 소개한다.
- 추수하게 해주신 하나님께 감사하는 마음을 노래로 불러볼 거예요.

○ 교사가 노래를 부른다.

○ 피아노 소리로 멜로디를 들려준다.

- 노래자료를 사용하며 교사가 다시 한 번 노래를 부른다.
- 교사와 유아가 노래를 나누어 부른다.
- 다 같이 노래를 부른다.

관련활동

- 조형 영역 '추수감사 글자 꾸미기' (80쪽 참고)
- 조형 영역 '가을 과일 바구니 만들기' (86쪽 참고)
- 이야기나누기 '추수감사 예배' (82쪽 참고)

악 보

추수감사

작사 · 곡 김진영

활 동
2 '추수감사' 글자 꾸미기

집단형태

자유선택활동

활동유형

조형 영역

활동자료

'추', '수', '감', '사' 글자 본, 두꺼운 종이, 자연물 재료, 색연필, 크레파스, 사인펜, 가위, 풀

'추수감사' 글자 본의 예

TIP 1 유치원의 모든 유아들이 참여할 수 있도록 각 학급에서 '추수감사' 글자를 나누어 꾸민다. 학급 수에 따라 만 5세 학급은 한 글자, 만 3세와 4세 학급은 한두 음소를 맡아 꾸밀 수 있다.

활동목표

- 추수와 추수감사의 의미를 안다.
- 추수하게 해주신 하나님께 감사한 마음을 갖는다.
- 다양한 재료를 활용하여 작품을 꾸민다.

활동방법

○ 추수와 추수감사에 대하여 이야기를 나눈다.
- '추수' 란 무슨 뜻인가요?
  - 가을이 되어 익은 곡식과 과일, 채소를 거두어들이는 것을 '추수' 라고 한다.
- '추수감사' 란 무슨 뜻인가요?
  - 곡식과 과일, 채소를 추수할 수 있도록 햇빛, 물, 공기 등을 주신 하나님께 감사드리는 것이다.

○ 추수감사 예배와 예배 장소 장식에 대해 소개한다.
- 며칠 뒤 유치원 어린이들, 선생님들이 유희실에 함께 모여 추수감사 예배를 드리기로 했어요.
- 예배를 드리는 곳인 유희실을 유치원 어린이들이 직접 꾸며볼 거예요.
  - '추수감사' 글자를 크게 만들고 꾸며서 유희실 벽에 붙인다.
  - 추수감사 제단에 과일, 곡식들을 손질하여 올려놓는다.
  - 어린이들, 선생님들이 앉을 수 있도록 의자를 가지런히 놓는다.

○ '추수감사' 글자를 꾸미는 방법을 소개한다.
- 오늘은 '추수감사' 글자를 꾸며볼 거예요.
- 유치원 모든 반이 함께 만들어야 하기 때문에 우리 반은 '추수감사' 글자 중 'ㄱ' 자를 꾸미기로 했어요. **TIP 1**
- 글자를 어떻게 꾸밀지 정해봅시다.

• 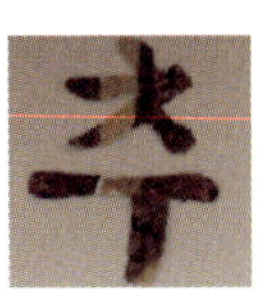 : 단풍잎, 은행잎 등을 절구에 넣고 빻아서 붙인다.

-  : 여러 색깔 털실로 글자본을 감는다.
-  : 색모래를 붙인다.
-  : 나뭇잎으로 스텐실을 한다.
-  : 조각한지를 잘게 찢어서 색동으로 붙인다.

○ 정한 방법대로 글자를 꾸민다.

○ 각 학급에서 꾸민 글자를 수합하여 추수감사 제단 벽면에 붙인다.

관련활동

- 이야기나누기 '추수감사 예배' (82쪽 참고)
- 이야기나누기 '밥을 먹기까지' (88쪽 참고)

나뭇잎 붙여 글자 꾸미기

유아들이 꾸민 '추수감사' 글자

활동 3 추수감사 예배

집단형태

대집단활동

활동유형

이야기나누기

활동자료

추수감사 예물과 제단 사진

추수감사 예물과 제단

목사님(전도사님) 설교

활동목표

- 추수와 추수감사 예배의 의미를 안다.
- 하나님께 감사하는 마음을 갖고 바른 태도로 예배를 드린다.

활동방법

| 추수감사 예배 소개하기 |

○ 추수와 추수감사에 대하여 이야기나눈다.

- 가을에 잘 익은 곡식과 과일, 채소를 거두어들이는 것을 무엇이라고 했나요?
  - '추수'라고 한다.
- '추수감사'란 무슨 뜻인가요?
  - 추수를 할 수 있도록 햇빛, 물, 공기 등을 주신 하나님께 감사드리는 것이다.

○ 추수감사 예배에 대하여 이야기나눈다.

- 추수감사절은 어떤 날인가요?
  - 하나님께 '그동안 곡식, 과일, 채소들이 잘 자랄 수 있도록 햇빛과 물, 공기, 바람을 주셔서 감사합니다.' 하고 감사하는 마음을 보여드리는 날이다.
- 추수감사절에 하나님께 드리는 예배를 '추수감사 예배'라고 해요.
- 유치원에서도 이번 주 목요일에 추수감사 예배를 드릴 거예요.

○ 추수감사 예배에 드리는 예물에 대하여 이야기나눈다.

- (추수감사 예배 제단 사진 보여주기) 무엇이 있나요?
  - 감, 배, 귤, 사과, 배추, 무, 호박, 쌀 등
- 벽에는 어떤 글자가 있나요?
  - '추수감사'
- 하나님께 감사드리는 마음으로 준비한 곡식, 과일, 채소를 '예물'이라고 해요.
- 예물을 제단 위에 준비해놓고 예배를 드릴 거예요.

| 추수감사 예배 드리기 |

○ 예배 전에 모여 앉아서 예배를 드리는 태도에 대하여 이야기나눈다.

- 예배는 어떻게 드리는 것일까요? (교회 다니는 유아들의 경험 듣기)
  - 기도하고 성경을 보고 찬송을 부른다.
  - 목사님(전도사님)의 말씀을 듣는다.

- 어떤 태도로 예배를 드려야 할까요?
  - 하나님께 감사드리는 마음을 갖는다.
  - 바르게 앉아서 목사님(전도사님)의 말씀을 듣는다.
  - 기도할 때는 눈을 감고 두 손을 모아 가슴에 가까이 댄다.
  - 찬송가를 고운 목소리로 부른다.

○ 화장실에 다녀와서 예배 장소로 이동한다.

○ 학급별로 정해진 자리에 앉는다. TIP 1

- 모든 어린이들이 모일 때까지 찬송가를 부르면서 기다려주세요.

○ 추수감사 예배를 드린다. TIP 2

○ 예배를 마친 후 교실로 돌아간다.

유의점

- 추수감사절은 11월 넷째 주 목요일이고, 우리나라에서는 11월 셋째 주 일요일로 정하여 지키고 있다. 유치원에서는 11월 일정에 따라 추수감사 예배일을 정하고 생활예정안을 통하여 가정에 알리도록 한다. 예배에 참석하기를 원하는 부모님들을 초청하여 함께 예배를 드린다. TIP 2
- 추수감사 예배의 사회, 기도는 교사가 담당하고, 특송은 전체 교사가 준비하여 부른다. 예배에 참석하는 학부모도 특송에 참여할 수 있음을 알린다. 성경 말씀은 목회자나 교사가 전하도록 한다.

관련활동

- 노래 '추수감사' (78쪽 참고)
- 조형 영역 '추수감사 글자 꾸미기' (80쪽 참고)
- 언어 영역 '○○○ 반 어린이들이 감사한 것' (84쪽 참고)

TIP 1 만 5세 학급이 먼저 예배 장소에 가서 기다린다. 만 3세 학급 유아들이 제일 마지막에 입장하고 예배가 끝난 후 제일 먼저 퇴장할 수 있도록 한다.

TIP 2 다음은 추수감사 예배 순서의 예이다.

• 추수감사 예배 순서 •

일시 : 2010년 11월 11일(목)
오전 11시~11시 30분
사회 : ○○○ 교사

1. 노래 : '추수감사' ---------- 다 같 이
2. 기도 ---------- ○○○ 교사
3. 성경봉독 : 시편 23편 1절 ---------- 다 같 이
4. 특송 : '논밭에 곡식들은', '오직 한 분' -- 어머니 성경반
5. 말씀 : '하나님의 은혜' ---------- ○○○ 전도사님
6. 특송 : '넓은 들에 익은 곡식' (찬송가 308장) -- 교 사 들
7. 찬송 : '묘한 세상 주시고' (찬송가 312장) -- 다 같 이
8. 주기도문 ---------- 다 같 이

"여호와는 나의 목자시니 내가 부족함이 없으리로다"
(시편 23편 1절)

추수감사 예배 순서

어머니 특송

교사 특송

활동 4

○○○반 어린이들이 감사한 것

집단형태

자유선택활동 · 대집단활동

활동유형

언어 영역 · 이야기나누기

활동자료

녹음기, 손인형 2개

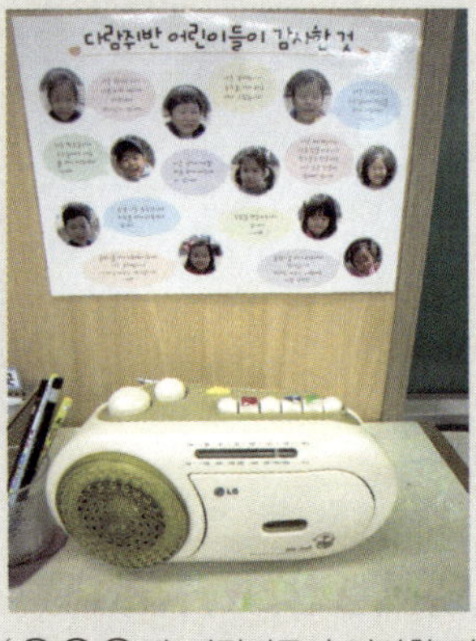

'○○○반 어린이들이 감사한 것' 환경 구성

활동목표

- 하나님께 감사드리는 마음을 갖는다.
- 자신의 생각을 언어로 표현한다.

활동방법

○ 손인형을 이용하여 늘 감사하는 어린이와 늘 불만이 많은 어린이의 이야기를 들려 준다.

- 밥을 먹을 때, 유치원에 왔을 때, 가을이 되어 날씨가 쌀쌀해졌을 때 등의 다양한 상황에서 항상 불평하는 어린이와 감사하는 어린이의 이야기를 들려준다.

○ 감사한 것에 대하여 이야기 나눈다.

- 하나님께서는 어떤 어린이의 모습을 기뻐하실까요?
  - 감사하는 어린이를 기뻐하신다.
- 하나님께서는 항상 감사하는 어린이를 축복해주세요.
- ○○○반 어린이들은 어떤 일이 감사한가요?
  - 엄마, 아빠를 주신 것이 감사하다.
  - 형제를 주신 것이 감사하다.
  - 유치원을 다니게 해주신 것이 감사하다.
  - 선생님을 주신 것이 감사하다.
  - 좋은 친구들을 만나게 해주신 것이 감사하다.
  - 친구들과 재미있게 놀게 해주신 것이 감사하다.
  - 맛있는 음식을 주신 것이 감사하다.
  - 건강하게 해주신 것이 감사하다.

○ 유아들과 함께 하나님께 감사드리는 마음으로 기도한다.

○ 유아들과 이야기나눈 내용을 방안놀이 시간에 녹음한다.

- 방안놀이 시간에 ○○○반 어린이들이 감사한 것을 선생님과 함께 녹음해볼 거예요.
- 감사한 것을 생각해보세요.
- 선생님이 녹음 버튼을 누르면 감사한 것을 말하세요.

○ 녹음한 내용을 듣는다.

- ○○는 무엇이 감사하다고 했나요?

관련활동

- 조형 영역 '추수감사 글자 꾸미기' (80쪽 참고)
- 이야기나누기 '추수감사 예배' (82쪽 참고)
- 노래 '추수감사' (78쪽 참고)

활동 5 가을 과일 바구니 만들기

집단형태

자유선택활동

활동유형

조형 영역

활동자료

가을에 추수하는 과일 사진, 여러 가지 색지, 가위, 필기구(예: 색연필, 사인펜, 매직펜 등) 셀로판테이프

바구니 그리기

벽면에 게시판 유아들이 만든 가을 과일 바구니

활동목표

- 가을에 추수하는 과일의 종류와 생김새를 안다.
- 가을에 추수하는 과일을 그려 교실을 장식한다.

활동방법

○ 가을에 추수하는 과일에 대해 이야기를 나눈다.

- 가을이 되면 봄철에 심고 가꾸었던 곡식과 과일들이 모두 익어요. 가을이 되어 익은 곡식과 과일을 거두어들이는 것을 무엇이라고 하나요?
  - 추수
- (사진을 보며) 가을에 추수하는 과일에는 무엇이 있을까요?
  - 사과, 배, 감, 모과, 유자, 밤, 대추 등

○ 활동을 소개한다.

- (사진을 보며) 가을에 추수하는 과일과 바구니 그림을 그려서 벽에 전시할 거예요.

○ 가을 과일 바구니를 만든다.

- 조각 색지에 가을철 과일 그림을 그리고 모양대로 오리세요.
- 색연필, 사인펜으로 꾸며서 과일을 완성하세요.
- 색지에 바구니 모양을 그리고 모양대로 오리세요.
- 매직펜으로 꾸며서 바구니를 완성하세요.

○ 유아들이 완성한 가을 과일 바구니를 벽면에 게시한다.

관련활동

- 이야기나누기 '추수감사 예배' (82쪽 참고)
- 노래 '추수감사' (78쪽 참고)
- 조형 영역 '가을 과일 콜라주' (87쪽 참고)

활동 6 가을 과일 콜라주

활동목표

- 가을에 추수하는 과일의 종류와 생김새를 안다.
- 공간 구성 능력을 기른다.

활동방법

○ 활동자료를 탐색한다.

- 조형 책상에 무엇이 있나요?
  - 과일의 씨앗, 꼭지, 껍질 등
- 여러 가지 과일의 씨앗과 껍질을 깨끗하게 씻어서 말렸어요.
- 어떤 과일의 씨앗인가요?
  - 감, 사과, 배, 대추, 밤 등
- 씨앗의 모양이 어떤가요? 무슨 색인가요?
- 어떤 과일의 씨앗이 가장 큰가요? 어떤 과일의 씨앗이 가장 작은가요?
- 어떤 과일의 껍질인가요?
- 껍질이 무슨 색인가요?
- 껍질을 만져보세요. 느낌이 어떤가요?

○ 과일의 씨앗과 껍질로 만들 모양을 생각해본다.

- 재료들을 도화지에 붙여 여러 가지 모양을 만들어 볼 거예요.
- 어떤 모양을 만들어 볼까요? 어떤 재료가 필요한가요?

○ 도화지에 재료를 붙여 모양을 만든다.

○ 크레파스, 사인펜, 유성 매직펜 등으로 그림을 그려 꾸민다.

관련활동

- 과학 '과일 단면 관찰하기' (105쪽 참고)

집단형태

자유선택활동

활동유형

조형 영역

활동자료

도화지, 여러 종류 가을 과일의 씨앗이나 꼭지, 껍질 등을 말린 것(예: 감, 사과, 배, 대추, 밤 등) TIP, 필기구(크레파스, 사인펜, 유성 매직펜), 무독성 본드, 본드 받침, 셀로판테이프

TIP 간식 시간에 감, 사과, 배 등을 먹고 씨앗을 깨끗이 씻어 말려 조형재료로 사용한다. 유아들에게 집에서 과일을 먹은 후 씨앗이나 껍질을 버리지 말고 씻어서 가져오도록 한다.

활동 7

밥을 먹기까지

집단형태

대집단활동

활동유형

이야기나누기

활동자료

실물자료(벼, 쌀), 벼의 성장과정과 추수에 대한 사진자료, 게시판

'밥을 먹기까지' 활동자료

벼가 자라는 과정 알아보기

활동목표

- 벼의 성장과정과 추수에 대하여 안다.
- 밥을 먹기까지 여러 사람의 수고와 노력이 있음을 안다.
- 추수하게 해주신 하나님께 감사하는 마음을 갖는다.

활동방법

○ 밥짓기에 대해 이야기나눈다.

- 밥을 지으려면 무엇이 필요한가요?
  - 쌀, 물, 전기밥솥(밥솥과 가스레인지)
- 부모님께서 밥을 짓는 모습을 본 적 있나요?
- 밥은 어떻게 짓나요?
  - 쌀을 씻는다.
  - 알맞은 양의 물을 붓는다.
  - 물을 부은 쌀을 전기밥솥(밥솥)에 넣는다.
  - 전기밥솥을 작동시킨다(밥솥을 가스레인지 위에 올려놓고 불을 켠다).

○ 사진자료를 보며 벼의 성장과정과 추수에 대하여 이야기한다.

- (쌀과 벼 실물을 보여주며) 쌀은 '벼' 라는 곡식의 껍질을 깐 알맹이를 말해요.
- 우리가 밥을 먹기까지 어떤 일들이 필요한지 알아봅시다.
  - 건강한 볍씨를 고른다. 소금물에 넣은 볍씨 중 가라앉는 것이 좋은 볍씨이다.
  - 모판에 볍씨를 뿌려 기른다. 싹이 난 볍씨를 '모' 라고 한다.
  - 모판에 기른 모를 논에 옮겨 심는다. 이것을 '모내기' 라고 한다.
  - 벼가 잘 자라도록 비료를 주고 잡초를 뽑아준다. 약을 뿌리기도 한다.
  - 봄, 여름이 지나고 가을이 되면 벼가 누렇게 익는다. 익은 벼를 트랙터로 거두어들인다.
  - 방앗간에서 벼 껍질을 벗긴다. 껍질을 벗겨 나온 알맹이가 '쌀' 이다.
  - 쌀로 밥을 짓는다.

○ 밥을 먹기까지 수고하신 분들에 대해 이야기나눈다.

- 우리가 밥을 먹기까지 많은 분들이 수고해주세요. 밥을 먹기까지 애써주시는 분들은 누구일까요?

- 농사가 잘 되도록 좋은 날씨를 주시고 벼들이 잘 자라도록 해주신 하나님
- 농사를 짓는 농부
- 방앗간(정미소, 도정공장 등)에서 벼의 껍질을 벗겨주는 분들
- 쌀을 시장이나 마트, 백화점 등으로 운반해주는 분들
- 시장이나 마트, 백화점 등에서 쌀을 파시는 분들
- 쌀을 사서 밥을 지어주시는 부모님

■ 밥을 먹을 때 어떤 마음을 가져야할까요?

- 우리가 밥을 먹기까지 여러 분들이 오랜 시간 수고했음을 알고 감사한 마음을 갖는다.
- 밥을 소중히 여긴다. 밥을 먹을 만큼만 담아서 먹고 남기지 않는다.

관련활동

■ 동극 '임금님의 밥상' (90쪽 참고)

■ 동시 '허수아비' (94쪽 참고)

■ 율동 '참새 세 마리' (98쪽 참고)

활 동
8 임금님의 밥상

집단형태

대집단활동

활동유형

동극

활동자료

테이블 동화자료

'임금님의 밥상' 동화자료

활동목표

- 밥을 먹기까지 여러 사람의 수고와 노력이 있음을 안다.
- 추수하게 해주신 하나님께 감사하는 마음을 갖는다.
- 동화의 내용을 이해하고 극으로 표현한다.
- 동극을 관람하는 바른 태도를 기른다.

활동방법

○ 동화를 듣고 난 뒤 동극을 할 것임을 알려준다.
- 동화를 듣고 동극을 하는데 필요한 사항을 당부한다.
  - 어떤 등장인물이 나와서 어떤 말을 하는지 기억하면서 듣는다.
  - 동극을 하기 위해서는 어떤 준비물과 무대가 필요한지 생각하면서 듣는다.

○ 유아들과 동화의 내용과 대사를 회상해본다.
- 신하와 임금님이 어떤 이야기를 나누었나요?
  - "수라상 대령했습니다."
  - "오냐, 어서 밥을 먹자. 허허허, 고슬고슬하고 윤기가 흐르는 밥이 입안에서 살살 녹는구나."
- 밥을 맛있게 드신 임금님께서 뭐라고 말했나요?
  - "음, 밥을 맛있게 한 요리사를 불러 상을 듬뿍 내려야겠다. 여봐라! 요리사를 불러 오너라."
- 선생님이 임금님이 되어 이야기해볼게요. ○○○반 어린이들이 요리사가 되어서 말해보세요.
- 이번에는 ○○○반 어린이들이 임금님이 되어서 말해보세요. 선생님이 쌀가게 주인이 되어서 말할게요.
- 여자 어린이들이 임금님이 되고, 남자 어린이들이 방앗간 주인이 되어서 이야기해보세요.
- 남자 어린이들이 임금님이 되고, 여자 어린이들이 농부가 되어서 이야기해보세요.

○ 동극 무대 꾸미기에 대해 의논하고 무대를 꾸민다.
- 동극을 하려면 어떤 곳이 필요한가요?
  - 임금님의 방

- 임금님의 방은 어디에 만들까요?
  - 무대 가운데에 만든다.
- 임금님의 방을 어떻게 꾸밀까요?
  - 소파를 옮겨 놓는다.
  - 소파 뒤에 병풍을 친다.

○ 동극 소품을 준비한다.

- 동극을 하기 위해서 무엇이 필요한가요?
  - 임금님의 밥상
- 임금님의 밥상은 무엇으로 하면 좋을까요?
  - 역할 놀이 영역에 있는 작은 상에 음식들을 차린다.

○ 동극의 역할을 정한다.

- 동화에 누가 나왔나요?
  - 임금님, 신하, 요리사, 쌀가게 주인, 방앗간 주인, 농부
- 어떤 역할을 하고 싶은지 생각해보세요.
- 농부(방앗간 주인, 쌀가게 주인, 요리사, 신하, 임금님) 역할을 하고 싶은 사람은 손을 드세요.

○ 역할을 맡은 유아들이 앞에 나와 한줄로 서서 자기소개와 인사를 한다.

- 역할을 맡은 사람들은 앞으로 나오세요. 한 줄로 서서 차례대로 자신이 맡은 역할과 이름을 말하세요.
  - "저는 임금님(신하, 요리사, 쌀가게 주인, 방앗간 주인, 농부)를 맡은 ○○○ 입니다."

○ 동극 할 준비를 한다. 이때 교사는 무대를 가리지 않도록 자리를 유아들 옆으로 이동한다.

- 임금님과 신하는 임금님의 방으로 가세요. 동극을 잘 볼 수 있도록 선생님도 자리를 옮길게요. 다른 역할을 맡은 사람들은 선생님 옆에 앉아서 차례가 될 때까지 기다리세요.

○ 동극을 한다.

- 지금부터 ○○○반 어린이들의 '임금님의 밥상' 동극을 시작하겠습니다.

○ 동극이 끝나면 동극을 한 유아들은 무대 한가운데 한 줄로 서서 인사를 하고 자리에 앉는다.

○ 동극을 평가한다.

- 동극이 재미있었나요? 어떤 점이 재미있었나요?
- 어떻게 하면 동극을 더 재미있게 할 수 있을까요?

○ 두 번째 동극의 배역을 정한다.

○ 배역을 맡은 유아들이 앞에 나와서 자기소개를 한 뒤 동극을 시작한다.

○ 동극이 끝나면 동극을 한 유아들이 인사를 하고 자리에 앉는다.

○ 유아들과 함께 무대를 정리한다.

관련활동

- 이야기나누기 '밥을 먹기까지' (88쪽 참고)
- 동시 '허수아비' (94쪽 참고)
- 율동 '참새 세 마리' (98쪽 참고)

동 화

임금님의 밥상

옛날 밥을 아주 좋아하는 임금님이 살았습니다. 임금님은 그 어떤 음식보다 밥을 가장 좋아하셨지요. 임금님이 드시는 밥상은 특별히 '수라상' 이라고 불렀어요. 신하는 오늘도 임금님께 수라상을 가져다드렸습니다.

신 하 수라상 대령했습니다.
임 금 님 오냐, 밥이 참 맛있구나.

밥을 맛있게 드신 임금님은 기분이 매우 좋아지셨습니다.

임 금 님 밥을 맛있게 한 요리사에게 상을 주어야겠다. 여봐라! 요리사를 불러 오너라.
신 하 예이.

요리사가 임금님께 와서 인사를 드렸습니다.

요 리 사 임금님, 부르셨습니까?
임 금 님 오냐, 네가 지은 밥이 맛있어서 상을 주려고 불렀다.
요 리 사 아닙니다, 임금님. 밥이 맛있는 것은 쌀가게 주인이 좋은 쌀을 팔았기 때문입니다. 쌀가게 주인에게 상을 주십시오.

요리사의 이야기를 들은 임금님은 신하에게 다시 명령을 내리셨습니다.

임 금 님 여봐라! 쌀가게 주인을 불러오너라.
신 하 예이.

쌀가게 주인이 임금님께 와서 인사를 드렸습니다.

쌀가게 주인 임금님, 부르셨습니까?
임 금 님 오냐. 내가 오늘 아주 맛있는 밥을 먹었다. 요리사에게 좋은 쌀을 판 너에게 상을 주려고 불렀다.
쌀가게 주인 아닙니다, 임금님. 밥이 맛있는 것은 방앗간 주인이 쌀을 잘 찧었기 때문입니다. 방앗간 주인에게 상을 주십시오.

쌀가게 주인의 이야기를 들은 임금님은 신하에게 다시 명령을 내리셨습니다.

임 금 님 여봐라! 방앗간 주인을 불러오너라.
신 하 예이.

방앗간 주인이 임금님께 와서 인사를 드렸습니다.

방앗간 주인 임금님, 부르셨습니까?
임 금 님 오냐, 내가 오늘 아주 맛있는 밥을 먹었다. 쌀을 잘 찧은 너에게 상을 주려고 불렀다.
방앗간 주인 아닙니다, 임금님. 밥이 맛있는 것은 농부가 벼를 잘 기르고 추수했기 때문입니다.

방앗간 주인의 이야기를 들은 임금님은 신하에게 다시 명령을 내리셨습니다.

임 금 님 여봐라! 농부를 불러오너라.
신 하 예이.

한참 후에 농부가 임금님께 와서 인사를 드렸습니다.

농 부 임금님, 부르셨습니까?
임 금 님 오냐, 내가 오늘 아주 맛있는 밥을 먹었다. 벼를 잘 기르고 추수한 너에게 상을 주려고 불렀다.
농 부 아닙니다, 임금님. 밥이 맛있는 것은 하나님께서 햇볕과 비를 내려주셨기 때문입니다.
임 금 님 자기보다 다른 사람의 수고를 더 중요하게 생각하는 요리사, 쌀가게 주인, 방앗간 주인, 농부가 모두 착하구나. 모두에게 상을 주겠다. 허허허.

임금님은 크게 기뻐하시며 모두에게 큰 상을 내렸습니다. 그리고 모두 함께 하나님께 감사드렸습니다.

활동 9

허수아비

집단형태

대집단활동

활동유형

동시

활동자료

사진자료(허수아비), 동시자료(짚으로 만든 허수아비 모형, 밀짚모자, 셔츠, 바지, 호루라기)

'허수아비' 동시자료

활동목표

- 허수아비의 생김새와 역할을 안다.
- 언어의 운율과 리듬감을 느낀다.

활동방법

○ 허수아비에 대해 이야기나눈다.

- (허수아비 사진을 보여주며) 무엇일까요?
  - 허수아비
- 허수아비를 본 적이 있나요? 어디서 보았나요?
  - 논에서 보았다.
- 논에 왜 허수아비를 세워놓았을까요?
  - 참새가 오지 못하도록 세워놓았다.
- 왜 허수아비를 세워놓으면 참새가 오지 않을까요?
  - 허수아비를 사람으로 알고 겁내서 오지 않는다.
- 허수아비는 무엇으로 만들었을까요?
  - 막대기와 짚으로 만들었다.
  - 옷을 입히고 모자를 씌웠다.

○ 동시자료를 사용하며 동시 내용을 이야기나눈다.

- 벼가 잘 익은 논에 참새들이 날아와 벼를 먹으려 해요. 참새들이 오지 못하게 하려면 어떻게 할까요?
  - 논 한가운데에 허수아비를 세워놓는다.
- 먼저 막대기와 짚으로 사람 모양을 만들었어요.
- 할아버지께 밀짚모자를 빌려서 머리에 씌웠어요.
- 아빠가 입지 않으시는 헌 셔츠를 입혔어요.
- 엄마의 바지도 빌려서 입혔어요. 바지가 길어서 밑단을 몇 번 접어서 걷어 올렸어요.
- 새를 잘 쫓아낼 수 있도록 내 호루라기도 목에 걸어주었어요.
- 허수아비가 완성되었어요. 허수아비의 모습이 어떤가요?
  - 진짜 사람 같다.

- 논을 잘 지킬 수 있을 것 같다.

■ 가족들의 물건으로 허수아비를 꾸몄더니 꼭 허수아비가 우리 식구 같아요.

○ 교사가 '허수아비' 동시를 낭송한다.

■ 이런 내용을 담은 동시가 있어요. 선생님이 낭송해볼게요. 동시의 제목은 '허수아비' 이고 이상교 작가가 지었어요.

○ 동시 자료를 사용하여 교사가 동시를 한 번 더 낭송한다.

○ 교사가 동시를 한 행씩 들려주면 유아들이 따라서 낭송한다.

○ 다 같이 동시를 낭송한다.

관련활동

■ 쌓기 놀이 영역 '허수아비 만들기' (96쪽 참고)

■ 이야기나누기 '밥을 먹기까지' (88쪽 참고)

동 시

허수아비

이상교

할아버지 밀짚모자를
빌려 썼어요.
아빠 헌 셔츠를
얻어 입었어요.
엄마 바지를
둥둥 걷어 입었어요.
내 호루라기를
목에 걸었어요.
우리 식구 같아요.

활 동

10 허수아비 만들기

집단형태

자유선택활동

활동유형

쌓기 놀이 영역

활동자료

허수아비 사진, 자석벽돌블록, 들판 꾸미기용 천, 헌 옷이나 천, 허수아비 얼굴 꾸미기용 소품(예: 바가지, 양동이, 공 등), 밀짚모자, 벼 이삭 모형

허수아비 만들기 소품

벼 이삭 모형

TIP 유아들과 허수아비를 꾸밀 때 필요한 재료를 의논하여 준비한다. 사전에 교사가 준비한 자료도 함께 활용한다.

활동목표

- 허수아비의 생김새와 역할을 안다.
- 다양한 재료를 활용하여 허수아비를 만든다.
- 친구들과 협력하는 태도를 기른다.

활동방법

○ 허수아비에 대하여 이야기 나눈다.

- (허수아비 사진을 보여주며) 여기가 어디인가요?
  - 논
- 논 한가운데에 무엇이 있나요?
  - 허수아비가 서있다.
- 논 가운데에 왜 허수아비를 세워놓는다고 했나요?
  - 논에 심은 벼를 먹으려고 참새들이 날아오는 것을 막기 위해 세워놓았다.
  - 참새들이 허수아비를 보고 겁을 내서 오지 않는다.
- 허수아비가 무엇을 입고 있나요?
  - 헌 옷을 입고 있다.
  - 밀짚모자를 쓰고 있다.
- 헌 옷 안쪽에는 무엇이 있을까요? 어디에 옷을 입힌 것일까요?
  - 나뭇가지(또는 지푸라기) 위에 옷을 입혔다.
  - 나뭇가지로 몸통, 다리와 팔을 만들었다.
- ○○○반에서 허수아비를 만들어보기로 해요. 허수아비를 어떻게 만들까요?

  TIP
  - 블록을 쌓아서 허수아비 몸통처럼 만든다.
  - 블록 위에 옷을 입힌다. 옷이나 천을 이용한다.
- 허수아비 얼굴은 무엇으로 만들까요?
  - 풍선, 바가지, 양동이, 공 등으로 만든다.
- 모자는 무엇으로 준비할까요?
  - 역할 놀이 영역에 있는 밀짚모자를 씌워준다.
- 허수아비를 세울 들판은 어떻게 꾸밀까요?

- 천을 깐다.
- 벼 이삭 모형을 놓는다.

○ 방안놀이 시간에 쌓기 놀이 영역에서 유아들과 함께 허수아비를 만든다.

■ 들판을 꾸며보세요.

- 유아들과 함께 천을 깔고 벼이삭 모형을 놓는다.

■ 자석벽돌블록을 허수아비 몸통처럼 쌓아보세요.

- 유아들이 원하는 넓이와 높이로 몸통을 만든다.

■ 옷은 어떻게 입혀줄까요?

- 천을 덮는다.

■ 얼굴은 꾸며봅시다.

- 양동이에 눈, 코, 입을 꾸며서 씌운다.
- 밀짚모자를 씌운다.

들판 꾸미기

허수아비에 밀짚모자 씌우기

관련활동

■ 동시 '허수아비' (94쪽 참고)

활동 11

참새 세 마리

집단형태

대집단 활동

활동유형

노래 · 율동

활동자료

사진자료(참새), 노래자료(참새 세 마리, 열매, 쌀밥, 벌레), 나뭇가지

활동목표

- 참새의 특성에 대해 안다.
- 노래에 맞추어 규칙성 있는 동작을 표현한다.

활동방법

| 노래 부르기 |

○ 참새를 본 경험에 대해 이야기 나눈다.

- (참새 사진 보여주기) 어떤 새인가요?
  - 참새
- 참새를 본 적이 있나요? 참새가 어떻게 하고 있었나요?
  - 참새가 날아가는 모습을 보았다.
  - 참새가 폴짝폴짝 뛰어가는 모습을 보았다.
  - 참새가 먹이를 먹는 모습을 보았다.
- 참새들은 어떤 먹이를 좋아할까요?
  - 곡식, 풀씨, 열매, 딱정벌레

○ 노랫말을 이야기로 들려준다.

- (나뭇가지에 참새를 차례대로 붙이며) 나뭇가지에 언니 참새, 오빠 참새, 막내 참새가 살고 있었어요.
- 언니 참새는 쌀밥을 제일 좋아하고, 오빠 참새는 열매를 제일 좋아해요. 그리고 막내 참새는 벌레를 제일 좋아하지요.
- 배가 고파진 참새형제는 먹이를 찾으러 날아갔어요. 언니 참새는 쌀밥이 있는 곳으로 가고, 오빠 참새는 열매가 있는 곳으로 갔어요. 막내 참새는 벌레가 보이는 곳으로 갔지요. 참새형제는 각자 먹이를 입에 물고 다시 나뭇가지로 돌아왔어요.
- 참새들이 나뭇가지 위에 어떻게 서있나요?
  - 한 줄로 서있다.
  - 나란히 서있다.

○ 교사가 노래를 부른다.

○ 피아노 소리로 멜로디를 들려준다.

○ 교사와 유아가 노래를 나누어서 부른다.

○ 다 같이 노래를 부른다.

| 율동하기 |

○ 유아들과 함께 '참새 세 마리' 노래를 부르고, 이 노래에 맞추어 율동할 것임을 알려준다.

- '참새 세 마리' 노래에 맞추어 율동을 해볼 거예요.
- 노래에 참새가 몇 마리 나왔나요?
  - 3마리
- 몇 명이 함께 하는 율동일까요?
  - 3명
- 율동할 때 어떤 역할이 필요할까요?
  - 언니 참새, 오빠 참새, 막내 참새

○ 교사와 유아가 시범을 보이며 율동 동작을 소개한다.

① 나뭇가지에 나뭇가지에, ② 참새 형제가 세 마리

- 맨 앞에 언니 참새가 서고 그 뒤에 오빠 참새, 마지막에 막내 참새가 서세요.
- 언니 참새는 두 팔을 벌려 날개짓을 하고 오빠 참새와 막내 참새는 앞사람의 어깨를 잡고 서세요.
- 한 발씩 앞으로 내밀어 발뒤꿈치로 찍으며 앞으로 걸어가세요.

③ 언니 참새는 쌀밥만 먹고

- 언니 참새만 가고 싶은 곳으로 날아가 앉아 쌀밥을 먹는 흉내를 내세요.

④ 오빠 참새는 열매만 먹고

- 오빠 참새는 언니 참새 뒤로 날아가 앉아 열매 먹는 흉내를 내세요.

⑤ 막내둥이 참새는 벌레만 먹네

- 막내 참새가 오빠 참새 뒤로 날아가 앉아 벌레 먹는 흉내를 내세요.

⑥ 가만히 나란히 쭉 섰다

- '가만히 나란히' 부분에서는 세 마리의 참새가 양손을 옆으로 뻗어 날개짓을 하면서 자리에서 일어나세요.
- '쭉 섰다' 부분에서는 두 팔을 앞으로 뻗어 위에서 아래로 쭉 내리는 것을 두 번 반복하세요.

⑦ 간 주

- 간주가 나오는 동안 맨 앞에 섰던 언니 참새가 날개짓을 하며 맨 뒤로 가서 막내둥이 참새가 되는 거예요. 그럼 누가 언니 참새가 되나요?
  - 오빠 참새였던 사람이 언니 참새가 된다.
- 막내 참새였던 사람은 누가 되는 것일까요?
  - 오빠 참새가 된다.

'참새 세 마리' 율동하기

○ 율동을 시범 보인다.

■ 선생님과 함께 율동을 처음부터 끝까지 보여줄 사람 손들어보세요.

- 교사와 유아 2명이 함께 율동을 보여준다.
- 교사는 언니 참새가 되어 제일 앞에 서고, 유아들은 오빠 참새와 막내둥이 참새 역할을 한다.

○ 유아 1~2쌍이 나와서 율동한다.

○ 반집단씩 율동한 후 평가한다.

○ 다 함께 율동한다.

악 보

참새 형제

동 작

설 명	동 작
① **나뭇가지에 나뭇가지에, ② 참새 형제가 세 마리**언니 참새, 오빠 참새, 막내 참새가 나란히 선다. 맨 앞에 선 언니 참새만 두 팔을 벌려 날개짓을 하고, 오빠 참새와 막내 참새는 앞 사람 어깨에 손을 얹는다. 두 박자에 한 발씩 앞으로 내밀어 발뒤꿈치로 찍으며 걸어간다.	
③ **언니 참새는 쌀밥만 먹고** 언니 참새가 가고 싶은 곳으로 날아가 앉아서 쌀밥을 먹는 흉내를 낸다.	
④ **오빠 참새는 열매만 먹고** 오빠 참새는 언니 참새 뒤로 날아가 앉아 열매를 먹는 흉내를 낸다.	
⑤ **막내둥이 참새는 벌레만 먹네** 막내 참새는 오빠 참새 뒤로 날아가 앉아 벌레를 먹는 흉내를 낸다.	

설 명	동 작
⑥ 가만히 나란히 쭉 섰네 '가만히 나란히' 부분에서 세 마리 참새 모두 양손을 옆으로 뻗어 날개짓을 두 번 하며 자리에서 일어난다. '쭉 섰네' 부분에서는 두 팔을 앞으로 뻗어 위에서 아래로 두 번 쭉 내린다.	 
⑦ 간주 맨 앞에 섰던 언니 참새가 날개짓을 하며 맨 뒤로 가서 막내 참새가 된다. 오빠 참새는 언니가 되고 막내 참새는 오빠가 된다.	

활동 12

감 따기

가을철 날씨와 생활

가을철 자연의 변화

추수감사

활동목표

- 감나무와 감의 생김새를 안다.
- 감이 익어가는 모습을 지속적으로 관찰한다.

활동방법

○ 마당놀이를 마치고 유치원 마당에 있는 감나무 주변에 둘러서서 감나무를 관찰한다.
- 감나무를 살펴보세요. 잎이 어떻게 되었나요?
  - 단풍이 들었다.
  - 잎이 떨어져서 수가 줄었다.
- 감은 어떻게 되었나요?
  - 연두색이었던 감이 주황색으로 변했다.
  - 감이 익었다.

○ 감나무에 매달린 감의 수를 세어보게 한다.
- 감나무에 감이 몇 개가 달려있을까요? 각자 세어보세요.
- 감을 모두 세어보았나요? 감을 딴 후에 다시 세어봅시다.

○ 교사 또는 관리인이 전지가위를 이용해 감나무에서 감과 감잎이 달린 나뭇가지를 2~3개 정도 딴다.
- 가을이 되어 잘 익은 과일을 따는 것을 '수확한다' 라고 말해요.
- 나무의 꼭대기에 높이 달려 있는 감을 어떻게 딸 수 있을까요?
- 높은 곳에 있는 감을 수확할 수 있도록 나뭇가지를 자를 때 사용하는 '전지가위' 를 가져 왔어요. '전지가위' 의 모양이 어떻게 생겼나요?
  - 막대로 높이를 조절할 수 있고 끝에 가윗날이 달렸다.
- 전지가위를 이용해 감나무에서 감을 따 봅시다. TIP

○ 유아들에게 세어 본 감의 수와 실제 감의 수를 비교하게 한다.

○ 수확한 감을 과학 영역에서 관찰한다.

관련활동

- 과학 '과일 단면 관찰하기' (105쪽 참고)

집단형태

자유선택활동

활동유형

실외 영역

활동자료

디지털 사진기, 감나무 사진, 게시판

TIP 활동을 하기 전, 유치원 관리인에게 감 따주기를 부탁드린다. 유아들은 관리인이나 교사가 기구를 이용하여 감 따는 모습을 관찰한다.

감 따기

수확한 감 관찰하기

활동 13

바구니에 과일 담기

집단형태

자유선택활동

활동유형

수학 · 조작 영역

활동자료

숫자 6~10이 적힌 바구니 그림TIP, 과일 그림(사과 6개, 배 7개, 감 8개, 대추 9개, 밤 10개)

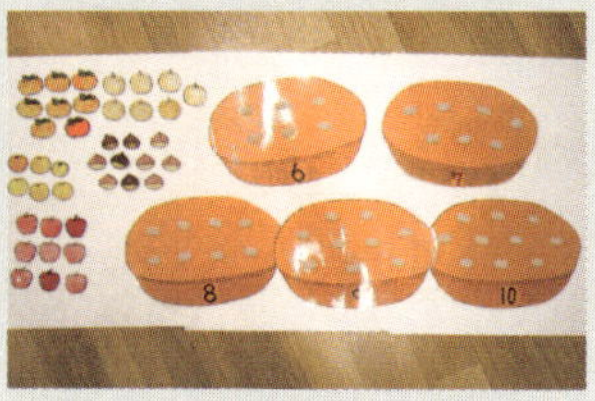

'바구니에 과일 담기' 활동자료

TIP 바구니 그림에 표시한 수만큼 벨크로테이프를 부착하여 유아들이 각 바구니에 알맞은 수의 과일을 붙일 수 있게 한다.

활동목표

- 가을에 수확하는 과일의 종류와 생김새를 안다.
- 6~10까지의 수를 센다.
- 숫자에 알맞은 물건을 대응시킨다.

활동방법

○ 활동자료를 보며 이야기 나눈다.

- 무엇이 있나요?
  - 바구니와 여러 가지 과일들
- 어떤 과일들이 있나요?
  - 사과, 배, 감, 대추, 밤 등
- 이 과일들은 모두 가을철에 수확하는 과일들이에요.
- 바구니는 모두 몇 개가 있나요?
  - 5개
- 바구니에는 숫자가 쓰여 있어요. 어떤 숫자가 쓰여 있나요?
  - 6, 7, 8, 9, 10

○ 활동 방법에 대해 소개한다.

- 여러 가지 가을철 과일들을 바구니에 담아 볼 거예요. 어떤 바구니에 어떤 과일을 담아야 할까요?
  - 과일의 개수를 세어보고 같은 숫자가 쓰인 바구니에 담는다.
- 사과의 개수를 새어볼까요? 사과는 모두 몇 개인가요?
  - 6개
- 그럼 어떤 바구니에 담아야 할까요?
  - 6이 쓰인 바구니에 담는다.

○ 바구니에 알맞은 과일을 담는다.

○ 놀이를 마치고 나서 교구를 분류 · 정리한 뒤 교구장에 가져다놓는다.

활동 14 과일 단면 관찰하기

활동목표

- 가을에 수확하는 과일의 종류와 생김새를 안다.
- 과일의 겉과 속 모양을 탐색한다.

활동방법

○ 가을철 과일의 종류에 대해 이야기 나눈다.
- 여름철에는 어떤 과일들을 먹을 수 있나요?
  - 사과, 배, 감, 밤 등
- 과일을 반으로 자른 모습을 본 적이 있나요?
  - 엄마가 사과(배, 감, 밤)을 칼로 자를 때 본 적이 있다.
  - 씨가 많이 보였다.

○ 가을철 과일의 단면 관찰하기를 소개한다.
- 사과, 배, 감을 칼로 잘라서 속이 어떻게 생겼는지 살펴보도록 해요.

○ 과일의 생김새(예: 모양, 색깔 등)를 관찰한다.
- 과일들의 겉모양은 어떤가요?
  - 동그란 모양이다. 꼭지가 달려있다.
- 과일의 색깔은 어떤가요?

○ 과일을 반으로 잘라 단면을 관찰한다.
- 선생님이 과일을 반으로 잘라볼게요.
- 사과의 속은 어떤 모습인가요?
  - 연한 노란색이다. 가운데 고동색 씨가 있다.
- 배는 어떤 모습인가요?
  - 하얀 색이다. 사과처럼 가운데 고동색 씨가 있다.
- 감은 어떤 모습이가요?
  - 연한 주황색이다. • 사과나 배보다 씨가 크다.

○ 관찰기록지에 과일 단면의 모습을 그림과 글로 표현한다.
- 과일의 속 모습을 종이에 그려 보세요.

집단형태

자유선택활동

활동유형

과학 영역

활동자료

여러 가지 가을철 과일(예: 사과, 배, 감, 귤 등), 칼, 관찰기록지, 연필, 색연필

과일 단면 관찰하기 활동자료

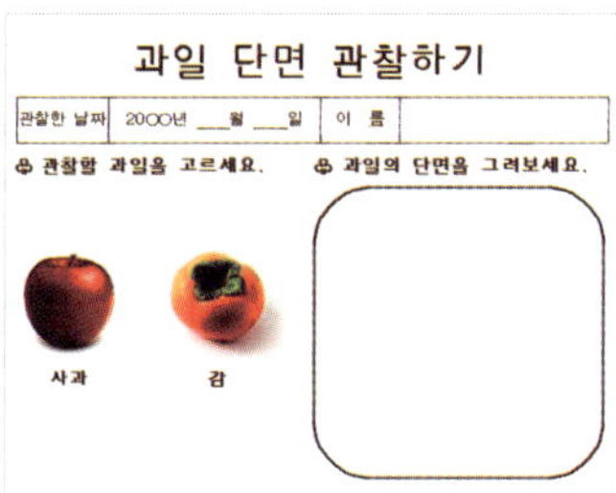

관찰기록지의 예

활동 15

과일 끈 끼우기

집단형태

자유선택활동

활동유형

수학 · 조작 영역

활동자료

가장자리에 펀치로 구멍을 뚫은 과일 모양 코팅종이 TIP

TIP 시작점에 끈을 메달아 놓는다. 끈의 끝부분은 셀로판테이프로 단단히 감아두어 구멍에 넣기 쉽도록 한다.

끈 끼우기 방법 ①

끈 끼우기 방법 ②

활동목표

- 가을에 수확하는 과일의 종류와 생김새를 안다.
- 소근육을 발달시킨다.

활동방법

○ 활동자료를 살펴본다.

- 어떤 과일이 있나요?
  - 감, 배, 사과
- 이 과일은 어느 계절에 볼 수 있는 과일인가요?
  - 가을철
- 과일 모양 종이의 가장자리가 어떻게 되어 있나요?
  - 구멍이 뚫려 있다.
- 종이의 윗부분에는 실이 달려있고 가장자리에는 구멍이 뚫려져 있어요.

○ 활동방법을 시범 보인다.

- 과일의 가장자리에 뚫린 구멍들에 차례대로 실을 끼웠다 뺄 거예요. 선생님이 하는 모습을 잘 보세요.
  - 방법 ① : 실을 위에서 아래로 첫 번째 구멍에 넣어 통과시킨다. 과일 아래로 나온 실을 아래에서 위로 두 번째 구멍에 넣어 통과시킨다. 이 과정을 반복한다.
  - 방법 ② : 실을 위에서 아래로 첫 번째 구멍에 넣어 통과시킨다. 과일 아래로 나온 실을 과일 위로 올린 후 다시 위에서 아래로 두 번째 구멍에 넣어 통과시킨다. 이 과정을 반복한다.

○ 정리 방법을 소개한다.

- 실을 다 끼운 다음에는 어떻게 정리해야 할까요?
  - 실을 다시 뺀다.
  - 실을 뺀 과일을 쟁반 위에 올려둔다.

활동 16 밤 줍기

활동목표

- 밤의 생김새와 특징에 관심을 갖는다.
- 게임의 방법을 알고 규칙을 준수한다.
- 순발력과 소근육 조절 능력을 기른다.

활동방법

○ 유아들이 양편으로 나누어 의자에 앉는다.

○ 게임자료를 보며 게임 방법을 소개한다.

- 밤을 주워오는 게임을 할 거예요.
- 선생님 옆에 무엇이 있나요?
  - 바구니와 집게가 있다.
- 선생님 맞은 편 바닥에는 무엇이 있나요?
  - 돗자리가 있다. 돗자리 안에 밤이 놓여있고, 뒤쪽에는 발바닥 표시가 있다.
- 각 편에서 한 사람씩 나와서 바구니와 집게를 들고 출발표시에 서세요.
- 선생님이 출발 신호를 하면 밤이 있는 곳까지 달려가서 발바닥 표시 에 서세요. 집게로 밤 한 개를 집어 바구니에 넣은 다음 선생님이 있는 곳까지 다시 달려오는 거예요.

○ 시범을 보인다.

○ 게임 시 지켜야 할 규칙에 대해 이야기한다.

- 달려오다가 바구니 속에 든 밤을 떨어뜨리면 어떻게 해야 할까요?
  - 떨어뜨린 자리에서 밤을 주워서 바구니에 다시 담은 다음 달려온다.

○ 응원 태도에 대해 이야기한다.

- 친구들이 게임을 할 때 어떤 태도로 봐야 할까요?
  - 바르게 앉아서 응원을 한다. 이긴 사람에겐 박수를 쳐주고 진 사람에게는 끝까지 잘 하라는 응원을 한다.

○ 평가 방법을 이야기한다.

- 게임 규칙을 잘 지키면서 먼저 들어온 사람의 편에게 밤송이 한 개를 줄 거예요.
- 모든 사람이 게임을 한 후 밤송이가 많은 편이 이기는 거예요.

○ 게임을 한다.

집단형태

대집단 활동

활동유형

신체(게임)

활동자료

실물자료(밤), 밤(유아 수만큼), 집게 2개, 작은 바구니 2개, 돗자리, 자리표시, 평가자료(밤송이 그림 약 30개), 게시판

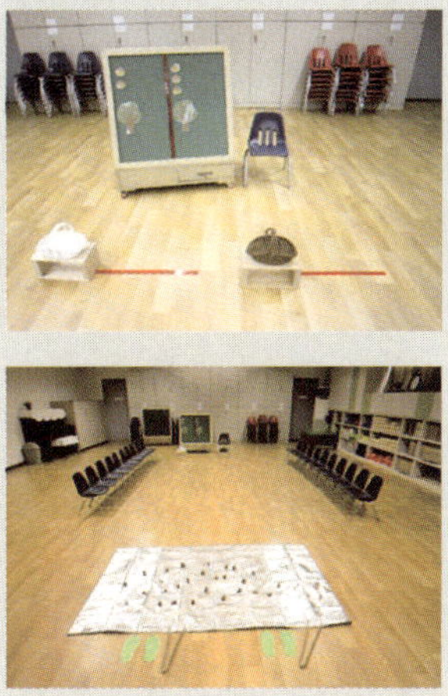

'밤 줍기' 활동자료

○ 게임을 평가한다.

- 밤송이가 몇 개인지 같이 세어봅시다.
- 어느 편의 밤송이가 더 많은가요?
- 밤송이가 많은 ○○ 편이 이겼어요. ○○ 편에게 잘 해주었다고 박수쳐주세요.
- ◇◇ 편에게도 함께 열심히 해주었다고 박수쳐주세요.

○ 응원태도를 평가한다.

- ○○ 편, ◇◇ 편 모두 바른 태도로 응원했나요?
- 함께 즐겁게 게임한 ○○ 편과 ◇◇ 편 모두에게 박수쳐줍시다.

○ 유아들과 함께 게임 자료를 정리한다.

관련활동

- 율동 '참새 세 마리' (98쪽 참고)

부록

1. 주간교육계획안

만 4세 ○○○ 반 주간교육계획안 20○○ 학년도 ○ 월 ○ 주	생활주제	가 을	주 제	주제 가을철 날씨와 생활 / 가을철 자연의 변화 / 추수감사
목 표	가을철 날씨에 따른 사람들의 생활 모습을 안다. / 가을철 자연의 변화에 관심을 갖고 자연의 아름다움을 감상한다. / 추수감사절의 의미를 알고, 하나님의 은혜에 감사드린다.			

활동	요일/날짜	월 (○ 일)	화 (○ 일)	수 (○ 일)	목 (○ 일)	금 (○ 일)	평 가
자유선택활동	쌓기 놀이 영역	• 허수아비 만들기 • 집짓기블록으로 통나무집 만들기 • 버그토이블록으로 구성물 만들기 →					
	역할 놀이 영역	• 전통음식점 놀이하기(주문받기, 삼계탕/비빔밥 요리하기, 상차리기, 계산하기 등) • 떡 가게 놀이하기 →					
	언어 영역	• '가을' 생활주제 관련 그림책(숲 속의 단짝친구, 알록달록 가을, 감, 돌아온 고추잠자리 등) 보기 • '추수감사' 단어 쓰기 →					
	수학 · 조작 영역	• '가을' 생활주제 관련 수학 · 조작교구(가을풍경 퍼즐 맞추기, 나뭇잎 모양대로 놓기, 과일 끈 끼우기 등)하기 →					
	과학 영역	• 과일의 겉과 속 관찰하기 • 곡식 관찰하기(쌀, 보리, 현미, 수수, 콩, 기장, 귀리 등) • 라이트박스에 나뭇잎 잎맥 비추어보기 →					
	조형 영역	• 가을철 과일 출석표시 그림 만들기	• '추수감사' 글자 꾸미기	• 가을 과일 바구니 만들기 →		• 허수아비 만들기	
	음률 영역	• 악기 연주하기(소고, 장구, 북, 허수아비 방울악기 등) • 곡식 마라카스 소리 비교하기 →					
	실외 영역	• 베란다: 전통생활도구로 소꿉놀이하기 • 마당: 종합놀이터, 모래놀이터, 대근육기구에서 놀이하기 / 자전거타기(화, 수, 금) / 축구하기(월, 목) →					
대·소집단활동	이야기나누기	• 가을철 날씨 변화	• 나뭇잎 색깔이 변하는 이유	• 가을철 화재 안전	• 추수감사 예배		
	동화 · 동극 · 동시	• 모자 장수(반입체동화 · 동극)				• 행복을 찾은 허수아비(반입체동화)	
	음 악		• 추수감사(새노래)	• 참새 세 마리(새노래)	• 추수감사, 묘한 세상 주시고	• 허수아비(새노래)	
	율 동		• 참새 세 마리(율동)				
	체 육					• 외발서기	
	게 임				• 가을 과일 자리 바꾸기		
	수 학	• 모자 수세기	• 나뭇잎 색깔대로 분류하기				
	과 학						
	사 회				• 추수감사 예배		
	바깥 놀이		• 나뭇잎 색깔 변화 관찰하기		• 낙엽 줍기	• 낙엽 줍기	
	간식	• 바람떡2, 우유	• 호박죽, 보리차	• 쉬폰케익1/2, 우유	• 찐밤3, 우유	• 소보로빵1/2, 우유	
	전이 · 주의집중	• 모자 패턴 맞추기	• '추수감사' 단어 읽기	• 참새 크기 순서대로 놓기	• 과일 자리 바꾸기	• '허수아비' 수수께끼	
	귀가지도	• 겉옷 스스로 입기	• 내일 그림책 가지고 오기	• 빌린 그림책 가지고 가기 • 내일은 추수감사 예배를 드림	• 내일은 유치원에서 점심식사를 하는 날임 도시락 가져오기	• 주말동안 잘 쉬기	
비 고				※그림책 반납 및 대여일	※ 추수감사 예배 (○○○ 전도사님)	※ 점심 먹는 날 (귀가시간 12:50)	
총 평							

만 4세 ○○○ 반 주간교육계획안 20○○ 학년도 ○ 월 ○ 주	생활주제	가 을	주 제	가을철 날씨와 생활 가을철 자연의 변화
목 표	가을철 날씨에 따른 사람들의 생활 모습을 안다. / 가을철 자연의 변화에 관심을 갖고 자연의 아름다움을 감상한다. / 추수하기까지의 과정에 관심을 갖는다. / 생활 속에서 감사한 일을 찾아보며 하나님의 은혜에 감사드리는 마음을 갖는다.			

활동	요일/날짜	월(○일)	화(○일)	수(○일)	목(○일)	금(○일)	평가
자유선택활동	쌓기 놀이 영역	• 허수아비 만들기 • 집짓기블록으로 통나무집 만들기 • 버그토이블록으로 구성물 만들기 →					
	역할 놀이 영역	• 전통음식점 놀이하기(주문받기, 삼계탕/비빔밥 요리하기, 상차리기, 계산하기 등) • 떡 가게 놀이하기 →					
	언어 영역	• '가을' 생활주제 관련 그림책(숲 속의 단짝친구, 알록달록 가을, 감, 돌아온 고추잠자리 등) 보기 • '○○○반 어린이들이 감사한 일' 녹음자료 듣기 →					
	수학 · 조작 영역	• '가을' 생활주제 관련 수학 · 조작교구(가을풍경 퍼즐 맞추기, 나뭇잎 모양대로 놓기, 과일 끈 끼우기 등)하기 →					
	과학 영역	• 과일의 겉과 속 관찰하기 • 곡식 관찰하기(쌀, 보리, 현미, 수수, 콩, 기장, 귀리 등) • 라이트박스에 나뭇잎 잎맥 비추어보기 →					
	조형 영역	• 나뭇잎으로 구성하기 →		• 솔방울 모빌, 나무 꾸미기	• 가을 나무 꾸미기(나무 구성한 후 낙엽 붙이거나 도장 찍기) →		
	음률 영역	• 악기 연주하기(소고, 장구, 북, 허수아비 방울악기 등) • 곡식 마라카스 소리 비교하기 →					
	실외 영역	• 베란다: 전통생활도구로 소꿉놀이하기 • 마당: 종합놀이터, 모래놀이터, 대근육기구에서 놀이하기 / 자전거타기(화, 수, 금) / 축구하기(월, 목) →					
대 · 소집단활동	이야기나누기	• 나뭇잎이 떨어지는 이유 • ○○○반 어린이들이 감사한 일	• 야외학습	• 밥을 먹게 되기까지			
	동화 · 동극 · 동시	• 나뭇잎의 여행(그림동화)			• 임금님의 밥상(테이블동화 · 동극)	• 도토리를 주우러 간 다롱이(그림자동화)	
	음 악	• 낙엽(새노래)	• 도토리(새노래)		• 음악감상 '사계-가을(비발디)'		
	율 동					• 다람쥐	
	체 육						
	게 임			• 조리로 쌀 나르기			
	수 학		• 도토리 수 셈하기				
	과 학		• 가을철 날씨와 자연의 변화	• 벼의 성장과정(DVD)			
	사 회					• 소방대피훈련	
	바깥 놀이	• 낙엽 줍기	• 자연물 채집하기		• 나뭇잎 색깔 변화 관찰하기		
	간 식	• 찐고구마1/2, 우유	• 양송이스프, 현미스낵4	• 삶은 달걀1/2, 배, 주스	• 찐감자1/2, 우유	• 방울유과4, 팩우유	
	전이 · 주의집중	• 나뭇잎 패턴 맞추기	• 컵 속의 도토리 찾기	• 곡식 자리 바꾸기	• 배운 노래 부르기	• 부직포글자로 '도토리' 단어 만들기	
	귀가지도	• 내일은 야외학습을 가므로 바지 입고, 운동화 신고 오기	• 스스로 겉옷 입고 단추, 지퍼 채우기	• 빌린 그림책 가지고 가기	• 내일은 유치원에서 점심식사를 하는 날임 • 도시락 가져오기	• 주말동안 잘 쉬기	
비 고			※ 야외학습	※ 그림책 반납 및 대여일		※ 점심 먹는 날(귀가시간 12:50) ※ 소방대피훈련	
총 평							

2. 일일교육계획안

담임	원감	원장

학급명	○○○반 (만 4세)	날 짜	20○○년 ○월 ○일 ○요일	수업일수	○○ / ○○○일
생활주제	가을	주 제	가을철 날씨와 생활 가을철 자연의 변화 추수감사	소주제	가을철 나뭇잎의 변화 감사한 일
목 표	가을에는 나뭇잎의 색깔이 변하고 나뭇잎이 떨어지는 것을 안다. / 생활 속에서 감사한 일을 찾아보며 하나님께 감사드리는 마음을 갖는다.				
일일 시간표	9:50 ~ 정리정돈 및 화장실 다녀오기 10:00 ~ 노래 '낙엽' 및 이야기나누기 '○○○ 반 어린이들이 감사한 일' 10:25 ~ 간식 '찐고구마 1/2, 우유' 및 감사한 일 녹음하기 11:00 ~ 실외자유선택활동 11:40 ~ 정리정돈 및 화장실 다녀오기 11:50 ~ 이야기나누기 '나뭇잎이 떨어지는 이유' 및 그림동화 '나뭇잎의 여행' 12:15 ~ 귀가지도				

시간 / 활동명	활 동 목 표	활 동 내 용	준비물 및 유의점	평 가
9:00~ 등원 및 실내자유선택 활동	• 선생님께 바르게 인사하는 태도를 기른다. • 나뭇잎의 모양을 이용하여 창의적으로 작품을 구성한다.	• 등원 및 인사나누기 - 선생님과 인사나누기 - 출석표시판에 출석표시 그림 붙이기 • 실내자유선택활동하기 [조형] 나뭇잎으로 구성하기 - 도화지 뒷면에 이름 쓰기 → 나뭇잎 고르기 → 도화지에 나뭇잎 붙여서 모양 꾸미기 → 그림 그리고 꾸미기 재료 붙여서 완성하기	• 출석표시판, 출석표시 그림 - 유아 맞이하기: ○○○ 교사 • 조형: 나뭇잎 말린 것, 도화지, 본드, 본드받침, 싸인펜, 색연필, 눈알, 수수깡 자른 것, 스팽글 등 - 조형: ○○○ 교사	

시간 / 활동명	활 동 목 표	활 동 내 용	준비물 및 유의점	평 가
9:00~ 등원 및 실내자유선택 활동	• 전통음식점에서 파는 음식의 종류를 알고 음식점에서의 다양한 상황을 극놀이로 표현한다. • 말하기, 듣기, 읽기에 관심을 가지고, 그림책을 즐겨 보는 습관을 기른다. • 조작교구와 그림 맞추기 하는 방법을 알고 소근육을 조절하여 게임에 참여한다. • 나뭇잎의 잎맥을 자세히 관찰하고 표현한다. • 음률영역에 있는 악기를 바르게 연주하는 방법을 알고 즐겁게 연주한다. • 올바른 기본생활습관을 형성한다.	[역할] 전통음식점 놀이하기 - 주문받기 → 삼계탕, 비빔밥 재료를 이용해서 요리하기 → 완성한 요리로 대접하기 → 계산하기 → 설거지하기 [언어] '가을' 생활주제 관련 그림책 보기 - '가을' 생활주제 관련 그림책(숲 속의 단짝친구, 알록달록 가을, 감, 돌아온 고추잠자리 등) 보기 - '추수감사' 단어 쓰기 [수학 · 조작] '가을' 생활주제 관련 수학 · 조작교구, 조각그림 맞추기 - '나뭇잎 모양대로 놓기' 수학 · 조작교구하기 - '과일 끈 끼우기' 수학 · 조작교구하기 - '가을 풍경' 조각그림 맞추기 [과학] 라이트박스에 잎맥 비추어보기 - 낙엽 코팅자료 라이트박스에 비추어보기 - 잎맥 관찰해서 그림 그리기 [음률] '가을' 생활주제 관련 악기 연주하기 - 곡식 마라카스, 허수아비 방울악기 등 연주하기 • 기본생활습관 지도하기 - 바르게 인사하기, 실내에서 걸어 다니기, 놀던 장난감 정리하기	• 역할: 식탁, 식탁보, 메뉴판, 요리재료 모형과 식기류, 계산기, 개수대, 가스레인지 등 • 언어: 그림책, '추수감사' 단어 카드, 종이, 연필, 지우개 • 수학 · 조작: 나뭇잎 모양대로 놓기, 과일 끈 끼우기, 가을 풍경 퍼즐 등 • 과학: 낙엽 코팅한 것, 라이트 박스, 잎맥 그릴 종이, 연필, 지우개 • 음률: 곡식 마라카스(콩, 조, 쌀 등을 넣은 것), 허수아비 모양 방울악기 등	
9:50~ 정리정돈 및 화장실 다녀오기	• 자기가 가지고 놀던 놀잇감을 정리할 수 있다. • 친구를 도와주고 협력하는 태도를 기른다.	• 자기가 놀았던 영역부터 정리하기 • 다른 친구들이 정리하는 것 도와주기 • 화장실 다녀오기		
10:00~ 노래 '낙엽' 및 이야기나누기 '○○○반 어린이들이 감사한 일' (베란다)	• 낙엽을 감상하며 가을의 아름다움을 느낀다. • 낙엽이 떨어지는 모습을 다양한 소리로 표현한다. • 즐거운 마음으로 노래를 부른다.	◎ 노래 '낙엽' 및 이야기나누기 '○○○ 반 어린이들이 감사한 일' (베란다) • 자리정돈 및 주의집중: 베란다에 의자 가지고 와서 모여 앉기 〈노래 '낙엽'〉 • 마당의 달라진 모습과 낙엽에 대하여 이야기나누기 - 여름의 마당 모습 사진 보기 - 가을이 되어 어떤 점이 달라졌는지 이야기하기 - 은행나무, 바닥에 떨어진 은행잎, 바람에 날려 떨어지는 은행잎 등을 감상하며 느낌 나누기	사진자료(여름과 가을의 마당), 노래자료, 융판, 주의집중자료 *유아들이 가을의 모습을 감상하며 노래를 부를 수 있도록 베란다에서 활동한다.	

시간 / 활동명	활 동 목 표	활 동 내 용	준비물 및 유의점	평 가
10:00~ 노래 '낙엽' 및 이야기나누기 '○○○ 반 어린이들이 감사한 일' (베란다)	• 생활 속에서 감사한 일들을 찾아봄으로써 긍정적인 태도를 기른다. • 하나님의 은혜에 감사드리는 마음을 갖는다.	- 은행잎이 떨어지는 모습을 몸, 손가락 등으로 표현하기 • 교사의 노래 듣기 • 피아노 소리로 멜로디 듣기 • 교사 노래 다시 한 번 들으며 은행잎이 떨어지는 모습을 손으로 표현하기 • 유아들이 부분만 부르기 - 교사: 노란 옷 갈아입은 은행잎이 가을바람 불어오면은 우우 - 유아: 와아와 리루루 와아와 리루루 춤을 추며 내려옵니다 • 배웠던 노래 부르기(묘한 세상 주시고, 추수감사) 〈이야기나누기 '○○○ 반 어린이들이 감사한 일'〉 • 인형을 이용하여 늘 감사하는 어린이와 늘 불만이 많은 어린이의 이야기 들려주기 - 밥을 먹을 때, 유치원에 왔을 때, 가을이 되어 날씨가 쌀쌀해졌을 때 등의 상황에서 감사하는 어린이와 불만이 많은 어린이의 모습을 비교하며 이야기 들려주기 - 하나님께서는 늘 감사하는 어린이의 모습을 더 기뻐하시고, 감사하는 어린이를 축복하심 • 감사한 일 이야기나누기 - 감사한 일을 찾아 감사한 마음을 기도하거나 다른 사람에게 이야기하면 감사한 일이 더 많아짐 - ○○○ 반 어린이들은 어떤 일이 감사한지 생각해보기 • 감사한 마음으로 기도하기 • 각자 생각한 감사한 일을 간식을 먹은 후에 녹음할 것임	* 노랫말이 길지 않지만 유아들에게 익숙하지 않은 멜로디의 노래이므로 유아들이 어려워할 경우 하루에 다 배우기보다는 부분만 불러보도록 할 수 있다. • 인형 2, 녹음기	
10:25~ 간식 '찐고구마1/2, 우유'	• 손을 깨끗이 씻는 습관을 기른다. • 음식을 골고루 먹는다.	• 화장실에서 손 씻기 • 간식 먹기 • 간식을 다 먹은 후 감사한 일 녹음하기 • 수학 · 조작, 언어, 조형 영역 놀이하기	- 간식차 가져오기 및 손씻기 지도: ○○○ 교사 - 간식 준비 및 지도: ○○○ 교사	
11:00~ 실외자유선택활동	• 실외놀이규칙을 지키며 안전하게 놀이한다. • 실외놀이시설을 안전하게 사용한다.	• 실외자유선택활동하기 [종합놀이터] 줄잡고 올라가기, 미끄럼틀, 그물, 모래 도르래 등 [모래놀이터] 모래놀이용구로 산 만들기, 강 만들기, 음식 만들기 [대근육기구] 그네, 네스팅브릿지에서 놀이하기 [잔디밭] 축구하기 • 전이: 낙엽 줍기	• 탬버린, 유아명단 - 종합놀이터 지도: ○○○ 교사 - 전체: ○○○ 교사 * 교사는 유아들이 안전하게 놀이하도록 지도한다.	

시간 / 활동명	활 동 목 표	활 동 내 용	준비물 및 유의점	평 가
11:40~ 정리정돈 및 화장실 다녀오기	• 자기가 가지고 놀던 놀잇감을 정리할 수 있다. • 친구를 도와줄 수 있다.	• 선생님이 탬버린을 흔들면 선생님 앞에 줄서기 • 교실에 들어가서 신발, 겉옷 정리하고 화장실 다녀오기 • 물마시기	- 정리신호: ○○○ 교사 - 유아 수 확인: ○○○ 교사	
11:50~ 이야기나누기 '나뭇잎이 떨어지는 이유' 및 그림동화 '나뭇잎의 여행'	• 가을철 나뭇잎의 변화에 관심을 갖고, 나뭇잎이 떨어지는 이유를 안다. • 동화의 줄거리를 이해하며 감상한다. • 나뭇잎을 이용한 다양한 작품을 감상하며 표현력을 기른다.	◎ 이야기나누기 '나뭇잎이 떨어지는 이유' 및 그림동화 '나뭇잎의 여행' • 자리정돈 및 주의집중: 나뭇잎 패턴 맞추기 • 활동 소개하기 - (은행잎이 많을 때와 적을 때 마당 모습 사진 보기) 한 장은 지난주에 마당에서 찍은 것임. 또 하나는 오늘 아침에 찍은 것임. 어떻게 다른가요? (나뭇잎이 많고 적음) • 계절에 따른 나뭇잎의 변화 이야기하기(그림자료) - 봄: 나뭇가지마다 푸른 싹이 돋아남 - 여름: 푸른 잎들과 꽃들이 많이 있음 - 가을: 노란색, 빨간색 등으로 물이 들고 과일 등이 열림 - 겨울: 잎이 다 떨어져 하나도 남지 않음 • 나뭇잎이 떨어지는 이유 이야기하기(그림자료) - 왜 가을과 겨울이 되면 나뭇잎들이 많이 떨어지게 되는 것일까요? (바람이 많이 불어서, 추워서 등) - 나무에 있는 잎들은 나무뿌리에서 끌어온 물이 있어야 자랄 수 있음. 봄, 여름, 가을에는 뿌리도 힘이 세고, 물도 많아 뿌리가 나뭇잎에게 많은 물을 줄 수 있어 나뭇잎이 잘 자랄 수 있음 - 겨울이 되면 나무뿌리도 힘이 약해지고, 땅에도 물과 영양분이 많이 없어 나뭇잎들이 힘이 약해지게 됨. 그래서 나뭇잎이 나무에 붙어있을 힘이 없어 나뭇잎이 떨어지게 됨 • 그림동화 '나뭇잎의 여행' 보기	• 마당 사진(은행잎이 많을 때와 적을 때), 나뭇잎이 떨어지는 이유 그림자료, 게시판, 동화자료 * 그림자료를 이용하여 동화처럼 들려주어 유아들이 과학적 지식을 쉽게 이해하도록 한다.	
12:15~ 귀가지도	• 귀가 전 해야 할 일을 알고 스스로 하는 습관을 기른다. • 바르게 인사하는 습관을 기른다.	• 내일은 야외학습을 갈 것이므로 바지 입고 운동화 신기 • 겉옷 스스로 입고 지퍼, 단추 채우기 • 바르게 인사하기	- 복도: ○○○ 교사 - 유아인솔: ○○○ 교사	
총 평				

참고문헌

김진영(2009). 김진영 동요집. 교문사.

이기숙 · 김희진 · 이경미 · 이순영(1998). 유아를 위한 소비자교육 프로그램. 양서원.

이은화 · 김순세(1973). 어린이 춤곡. 형설출판사.

이화여자대학교 사범대학 부속 이화유치원(1970). 노래동산.

이화여자대학교 사범대학 부속 이화유치원(1987). 유아를 위한 즐거운 놀이.

이화여자대학교 사범대학 부속 이화유치원(1995). 3, 4, 5세 어린이를 위한 유치원 교육과정 운영의 실제. ⑪ 가을. 교문사.

저자소개

홍용희 이화여자대학교 사범대학 부속이화유치원 원장
이화여자대학교 사범대학 유아교육과 교수

오지영 이화여자대학교 사범대학 부속이화유치원 원감

강은정 현 이화여자대학교 사범대학 부속이화유치원 교사

김은수 현 이화여자대학교 사범대학 부속이화유치원 교사

김혜전 전 이화여자대학교 사범대학 부속이화유치원 교사

이예린 현 이화여자대학교 사범대학 부속이화유치원 교사

장정윤 전 이화여자대학교 사범대학 부속이화유치원 교사

이화유치원

교육과정 운영의 실제

만 4세 ⓫ 가을

2012년 4월 2일 초판 인쇄
2012년 4월 10일 초판 발행

지은이 이화여자대학교 사범대학 부속이화유치원
펴낸이 류제동
펴낸곳 ㈜교 문 사

책임편집 성혜진
본문디자인 아트미디어
표지디자인 이수미
제작 김선형
영업 정용섭·이진석·송기윤

출력 아트미디어
인쇄 동화인쇄
제본 한진제본

우편번호 413-756
주소 경기도 파주시 교하읍 문발리 출판문화정보산업단지 536-2
전화 031-955-6111(代)
팩스 031-955-0955
등록 1960. 10. 28. 제406-2006-000035호

홈페이지 www.kyomunsa.co.kr
E-mail webmaster@kyomunsa.co.kr
ISBN 978-89-363-1230-5 (93370)
ISBN 978-89-363-1141-4 (93370) 전 36권

값 16,000원